実践図解

成果を上げながら「残業ゼロ」で帰れるチームのつくり方

小山 昇

株式会社武蔵野 代表取締役社長

宝島社

プロローグ

チームの巧みなマネジメントによって結果は必ずついてくる

人材戦略のよしあしが企業の成長を決める

株式会社武蔵野は、この1年で売上が54億円から60億円に増え、111%と2ケタ成長を維持しています。売上が増えている一方で、減っているものもあります。それが残業です。2ケタ成長を続ける会社なんて、社員は大きなノルマを背負わされ、残業も厭《いと》わずガムシャラに働いているんじゃないか、とイメージする方がいれば、それは大きな間違いです。その間違いに早く気づき、時代の変化に合わせて方針を変えていける会社、そして、その方針を管理職がしっかり共有して現場へ落とし込んでいける会社だけが、今後は成長を続けます。

かつて、勝てる会社、成長する会社は、販売戦略に長けている会社でした。

「販売戦略が素晴らしい」＝「会社の業績が上がる」

この方程式の時代は、確かにありました。しかし、世の中は大きく変わった。**今や、人材戦略に巧みな会社だけが伸びていく時代**に突入しています。

いつ時代が変わったのか。１つのタイミングは、出生数と死亡数がクロスし、出生数が死亡数を下回った時です。２００５年から２００７年にかけてですね。その後、２０１４年４月に政府は消費税を５％から８％へ増税しました。多少は国の借金の返済に充てられたけれども、多くは公共投資に回されました。つまり、公共事業を中心に雇用が増えた。株価対策によって株価も上がり、さらに最低賃金を引き上げたことで可処分所得（税金などの支払い義務のある金額を差し引いた、自由に使える所得）が増えました。

これによって何が起きたのか。

仕事が増える一方で、働く人は減っている。

就職市場が売り手市場に転換した。

さらに、ゆとり世代が社会に出てきました。かつての世代は「給料が高い仕事」を求めましたが、ゆとり世代の若者は、「給料はそれほど高くなくていいから、休みが多い仕事がいい」という思考性を持っています。働く人のトレンドが変化した。

今や、伸びる会社の条件は明確です。販売戦略に巧みな会社ではありません。「人材戦略」の巧みな会社だけが伸びる時代になった。

かつては、社員が辞めてもすぐに次の人が見つかりました。でも、今は、社員に辞められたら次の人はいない。中小企業は、このことを肝に銘じなければなりません。

長時間労働が当たり前のブラック体質の企業など、もはや風前の灯であると言わざるを得ません。

残業を減らしても給与はアップ

武蔵野は、ここ8年間、**職責上位100人の中で辞めた人はゼロ**です。正確には1人いますが、辞めた後に再び戻ってきて実質ゼロですね。

それはなぜなのか。働く人たちの心身に配慮し「残業ゼロ」や「職場改善」に取り組み、働きやすい職場環境の整備に徹底してこだわってきたからです。

とはいえ、「残業ゼロ」は果たして誰にとっても嬉しいことか、という疑問が残ります。

今の若い人は、可処分所得が減ってもラクな方がいい、という考えですが、ある程度の年齢の人たち、特に妻帯者は、可処分所得が減ると生活できません。残業を前提にした生活設計を立てていれば、まさしく死活問題です。

彼らにとって、残業がある会社とない会社、どちらがいいかといえば、**残業のある会社の方がいい**に決まっています。30万円の月給の人が２００時間残業すると、単純計算で給与は60万円になります。この人にとっては残業をゼロにされたら困る。

そのため、彼らはせっせと残業をする。

私も、かつて製造業でアルバイトをしていた時代、残業のための徹夜なんてしょっちゅうでした。徹夜までして何をしていたか。**徹夜して寝ていた**んですよ（笑）。守衛さんにも見回りの時間を決めておいてもらってね。みんな疲れているし、お互いの利益にもなる。こんな残業でも、やっていれば給料も上がるし賞与も多くなる。これが真実です。**現場にしか真実はありません**。

ここまでひどくはないにしろ、似たような状況がどこの会社にも蔓延しています。

当たり前でしょう。人間、**8時間一生懸命に働いた後で、さらにあと6時間も集中して仕事ができると思いますか？**無理に決まっています。ということは、**残業をやるために、**

昼の間、手抜きをしている、ということですよ（笑）。

彼らに、「無駄な残業をやめなさい。もっと効率よく仕事をしなさい」などと、正面から正論だけを振りかざしてもムダです。誰でも、ラクをしたい。サボりたい生き物です。社長だって四六時中真面目に働いているわけでもないのに、どうして社員だけに真面目さを強要できますか。無理に決まっているでしょう。

では、どうすればよいのか。

残業を減らしても可処分所得を下げなければいい。こんなにわかりやすい話はありません。

トヨタ自動車は今年１３００円のベースアップをしたそうですが、武蔵野は３０００円のベースアップを実現させました。かつ、基本給も上げたから、平均で1万円上がっています。さらには、パートは時給と賞与も増やしました。パートは年間10万円だった賞与を12万円にアップさせました。

多くの企業は、ただひたすら残業を減らすことばかり求めるから社員からブーイングが出る。残業を減らすことで減った可処分所得をしっかり補填しなければダメです。**仕事は**

減らして給料は増やす。そんなことができるのか。できます。

冒頭で話したように、我が社では2ケタ成長を維持しています。そして、社員にムダな残業もさせず、可処分所得も減らしません。なぜそんなことが可能なのか。多くの中小企業がアナログな竹槍戦術で闘っている時代から、いち早く、全社員のみならずパートアルバイトまで全員に、iPadを支給した。今年は、社員・アルバイト・外交員にiPhoneも支給。業界に先駆けてチャットワークなどのツールも全社的に導入し、**IT化による空中戦を展開して一気に業務を効率化**した。

これによって**残業減と生産性アップを同時に成し遂げた**。

社長の中には、社員にiPadを支給しても、さすがにパートには……なんてケチなことを言うところもあります。社員とパートでそんな差をつけるからパートがすぐに辞めて、再募集に何十万円も費用をかけることになる。人の気持ちがわかっていないな、と思います。うちはパートも含めて全員に支給します。私用で使ってももちろん大丈夫。社長が会社の携帯電話を私用で使うのに、なぜ社員はダメですか？　おかしいでしょう。

そもそも、**私用で使えないITツールは、仕事で使いこなせません**。私用で使いこなせば、生きたツールとして仕事にフル活用できるようになる。小さなことに目くじらを立てて本質を見誤ってはいけません。

パートは支給されたiPadで何をするか。最初は、自宅で子どものオモチャになるだけでしょう。でも、それでいい。子どもはiPadが手に入って大喜びでしょう。会社を辞めたら返却しなくてはならないから、「辞めない」。パートの定着率がいいのにも理由がある。

これが人のマネジメントです。**人をマネジメントする立場の人には、これからの時代、この巧みさが求められている。**

直属以外の幹部とのサシ飲みが組織を強くする

人のマネジメントを巧みに行える会社としてのもっとも重要な条件は何か。

それは、コミュニケーションです。武蔵野は、上司と部下のサシ飲みのために、年間２０００万円の経費をかけています。正論だけで会社はよくなりません。**不純な動機に応えていけなければ、会社は成長していかない。**これで人が辞めなければ懇親会費用は安いもの。

ところで、一般的な企業では、せいぜい直属の上司（課長）と部下だけで飲ませるところがほとんどでしょう。でも、直属の上司と飲んで、部下は評価を下される相手に本音を言うでしょうか？　言うわけがありません。それが正しい反応です。

そこで、直属の上司とだけでなく、半期に1度、**自分の上司以外の幹部（統括本部長・本部長・部長・課長）と酒を飲む「夢の共有」と名づけられた飲み会**を義務づけています。「夢の共有」のパートナーを割り振るのは総務の役割です。これまで話したことのない幹部から、知らない部署の話や、自分の直属の上司の裏話まで聞くことのできる貴重な場です。自分の上司の若い頃の失敗談などを聞かせてもらえれば、部下は大満足で安心できます。直属の上司以外の幹部に、悩みの相談ができるようになるのも大きな意味がある。

この飲み会に会社は４２００円～５６００円の手当を支払っています。２人でこの予算内に終わることはまずありません。その場合は職責上位者が予算をオーバーした分を負担しています。不思議とこの金額ぴったりで終わらせる課長は出世しません。人として魅力的ではないから。

もう1つ重要なのが**部署をまたいだチーム編成**。布地は縦糸と横糸があって初めて丈夫な生地になりますが、多くの会社は、部署の縦割りの縦糸しか存在しない。こういう会社はちょっとした衝撃に弱く、横風が吹いただけでヨロヨロして、屋台骨がしっかりしない。

武蔵野は横糸づくりに力を入れています。「経営計画発表会」や「政策勉強会」といったイベントの準備委員のメンバーを各部門から選出。通常は、特定の部署に担当を割り振ってしまいがちですが、こういう活動を組織の横糸づくりに活用すべきです。イベント終了後は、委員のメンバーで集まっての打ち上げ。費用は会社全額負担です。その他、環境整備点検や早朝勉強会、オリエンテーションなど、横串でつながる機会をたくさん設けています。

一方で、今の若い人は、面白くもない社内の懇親会につき合わされることを好みません。上司を置いて帰るわけにもいかない飲み会が二次会三次会と続いたら、たまったものではありません。

そこで、懇親会は90分で終了、遅いスタートでも22時30分までに終わらせることを義務づけています。さして面白くない懇親会も、**終わりの時間が明確になっていれば参加します**。もしも、制限時間を超えて実施していることが判明したら始末書。この始末書が2枚になったらボーナス半減です。特例として、政策勉強会や部門懇親会など、三次会まで許可している飲み会もありますが。

いずれにしても、これらの取り組みの根本にあるのが、縦にも横にもつながりをしっかり張り巡らせて組織の屋台骨を強くする、そのための土台づくりだといえます。組織をマネジメントする人には、直属の上司と部下だけではないつながり、**横串で人をつなぐ工夫**が求められています。

意見をすり合わせるために話し合うな

これだけ人と人のつながりを大切にするのは、**最終的に物事を決めるのは人間**だからです。武蔵野もＩＴを積極的に取り入れて、バックヤードは最大限に効率化しつつ、お客さまと接する部分、同僚や部下と接する部分、**人と接する部分は最大限にアナログ**な手法を取り入れています。どんなにコンピューターに情報を蓄積しようが、最後に決めるのは人間ですから。

だから、**何か意見をすり合わせる時に、実行計画書などの道具を使わない話し合いをしては逆にダメ**です。チーム内の意見をすり合わせるために話し合いの場を設けるのは、全くの逆効果です。なぜなら、**口頭での話は必ずといっていいほど論点がブレる**からです。

「富士山に登る」という目的は同じなのに、吉田ルートから登りたい人と御殿場ルートから登りたい人がいると、それだけで不毛な議論が続いてしまう。目的は同じであるにもかかわらず、そこに相性のよしあしが絡んでくるともっと面倒なことになります。相性の悪い人が話すと、たとえ自分と同じ意見でも素直に同調できないのが人間です。些細なことに引っかけて言葉尻をとらえて、論点が明後日の方向へブレていきます。

ですから、思っていることを口に出すのではなく、**全て付箋に書かせて**います。**書けば、論点もブレない**。パートやアルバイトも含め、全員、付箋に書かせて貼り出します。すると、**結局はみんな同じことを書いている**ものです。相性が悪いと思っていた相手が、実は自分と同じ意見だと知る。しかも、お互いにアナログな手書きの紙。チャットワークなどのＩＴツールによる情報共有とは違い、三次元的な奥行きのある情報として共有できるのがアナログのよさです。

まとまりのないチームをまとめていく際には、論点がブレやすい口頭での話し合いではなく、それぞれの手を動かして付箋に書き出させて貼り出す手法をおすすめします。

最後は人間。もっとも大事なところはアナログです。

何でもかんでもデジタル一辺倒、効率化一辺倒では、組織がうまく回りません。

個人は競わせない、チームで勝ちを取りに行く

武蔵野は、**チーム（部署）の成果が賞与に直結します**。チームとして成果を挙げなければ評価は下がります。個人がどんなにがんばっても、チームで勝たなければ、そのがんばりは無意味です。だから、個人がスタンドプレーに走ることがありません。

個人に数字を背負わせて、個人で競わせている企業は少なくありません。しかし個人のスタンドプレーによってチームが勝てる組織は、そもそも組織として脆弱《ぜいじゃく》すぎるといえます。**脆弱な組織ほど、個人の瞬発力に依存してしまう**。我が社は個人のスタンドプレーで勝てるほどヤワな組織ではありません。

ホームランを打ちたくても、送りバントをしてチームを勝たせなくちゃいけない。そんな局面で迷わず自分を殺してバントができる、そういう人たちで結成されたチームは最強です。逆に、**チームを勝ちに導かない単独プレーは単なるゴミ**です。

うちは売上が60億円、経常利益も7億円を挙げますが、２２０人の男性社員で国立大学

出身は１人もいないし、六大学も３人だけ。野球でいうと、３番４番５番バッターは１人もいません。１番バッターもいませんね。２番、６番、７番、８番、９番のメンバーで結成している。だからチームでがんばれる、だから業績が伸びる。

４番バッターばかりをかき集めたプロ野球チームが、全く優勝できないことがよくあります。スーパースターがいるだけでチームが勝てるなどありえない。**勝てるチームにできるかどうかは、あくまでチーム力が決め手**です。送りバントをできるメンバーたちが集まっているかどうか。

そのために、**社内の競争ルール（人事評価に関する方針）を明確にして、競わせています。**

武蔵野は、エマジェネティックス（ＥＧ／２５５ページ）という手法を用いて、それぞれの個人を色で表現しています。

黄色が多い人は、新しいものや楽しいものにパッと飛びつく人。赤が多い人は、社交的で仲間をすぐつくることができる人。緑が優位の人は決められたことを決められた通りにやるのが得意な人。そして、青が多い人はしっかりと分析して計画が立てられる人。

課長の米田文平は「アイディアもあって直感も優れている、論理的な思考もできるし決められたことも着実に実行できる。誰とでも上手につき合える。だけどこだわりが強くてやや柔軟性に欠ける……」といった具合にデータ化して、パートもアルバイトも含めて全員で情報を共有しています。

この人は自己主張性が右寄り（一般との比較で高め）だから、まずは「そうだね」と聞いてあげよう、とか、この人は柔軟性が左寄り（一般との比較で低め）だから、一旦納得したら、誰よりも早くやり遂げる、といった情報をみんなで共有する。

トランプをやるのに、**相手の手の内を知っているのと知らないのとでは、どちらが強いか明らか**でしょう。**相手の手の内をお互いにわかったうえでコミュニケーションするから、お互いに最強**です。

赤や黄色が多いタイプは、瞬発力はあるけれど、長続きしないタイプ。新しい取り組みを任せれば、一カ月くらいはすごい勢いで物事を進めていきます。

武蔵野の強みは緑優位の人が65％いるからだと断言できます。組織はこの緑の人たちが一定多数いないと安定的に回していけません。つまり、どのタイプも組織の体力を安定させ強めていくのに不可欠な存在です。何でもやりたがる人と、同じことだけをやりたがる人。組織にはどちらも必要で、どちらが上だとかの比較はナンセンスです。

1人ひとりの得意や持ち味の違いを見極めたうえで、適材適所に仕事を人に割り振っていく。これが、マネジメントする立場の人に求められる役割です。

成功しているところを真似なさい

本書は、残業を減らして業績を伸ばしている各地の企業の管理職の方たちから具体的な取り組みをお聞きして、誰もが真似しやすく結果を出しやすいものばかりを選んで83の事例にまとめました。日報の書き方など、中には矛盾しているように思われる事例もありますが、職種や業種によって、それぞれに合うやり方があります。自分のチームに合いそうな方を選んで、ぜひ真似てみてください。

うまくいっていない会社の経営者や管理職の人たちに共通しているのが、「人の真似はしたくない」という姿勢。**赤字会社の社長ほど「オリジナルの経営計画書」を作りたがる**ものです。そういう社長に、私は聞きます。

「あなたの会社が今やっているやり方は、あなたのオリジナルですね。その結果が5年連続の赤字。それでもまだ、オリジナルでやりたいのですか？　あなたの目的はオリジナルなことをやることですか？　それとも会社を黒字にすることですか？」

そうすると、社長は必ず、

「黒字にすることだ」

と答えますから、

「それならば、今のオリジナルを捨てなければいけませんね。そして、結果を出している会社の真似から始めてください」

と言います。

ダメな管理職の典型はそのまま真似ることをせずに、もっといい方法がないだろうか、という考えに至る。これはもっともよくないパターンです。

「もっといい方法」は、まだ結果が出ていないことです。**結果が出ていることの真似すらできない人が、結果が出ていない新しいことをやろうとしても、うまくいくはずがない**。

ちょっとたとえは悪いですが、目の前にいる女性のことを見ようともせずに、「どうして彼女ができないんだろう。どこかにいい子はいないかなあ」と言い続けている野暮な男のようなものです。

だいたい、オリジナルだとか創意工夫は、聞こえはいいですが、要するにそれは自分の都合でしかないものです。現場で苦労と努力を続けた人が辿《たど》り着く境地です。独自の革新的な取り組みなんてもっともらしい言葉に真実はありません。

真実は現場にしかありません。

その意味では、お客さまに聞いてみるのがいいでしょう。あるいは、新人の部下や中堅の部下に確認する。何がわからないのか。どこに作業のムダやムラが発生しているのか。現場の声を聞かずに見極めることなどできず、見極めることができなければ効率化などできません。

そのうえで忘れてほしくないのが、**遊びゴコロ**です。**人のうえに立つ人に、絶対的に必要なもの**だと私は考えています。

部下へのギリギリとした締めつけは、組織にとって何もいいことはありません。**部下に惜しみなく自分の勝ちパターンを伝授してあげる**。ルールもなく個人同士を競わせる組織は、時として上司が部下すらライバル視して、勝てる方程式を教えてあげない、といったことが生じます。そんな組織は絶対に伸びていきません。

部下のがんばりが課長を部長に押し上げる。部下を課長へ押し上げる。そういう仕組みがあって初めて、組織はそのチーム力を発揮します。そうしたチームづくりのために、**明日から取り組める事例ばかりを選びました**。

結果を出している企業各社の管理職のみなさんの取り組みを集約したところ、「意識を変える」ことを入り口にして7つのステップに分類する方がわかりやすいと思い、そのように整理して紹介しています。ぜひ、「もっといい事例は」などと、やらない言い訳をせず、明日から、自分に合った事例を選んで真似を始めてください。

必ず、よい結果が待っています。

contents

step6 部下の「やる気」と組織の「ポテンシャル」を伸ばす

step7
小さな「工夫」を積み重ねて、大幅に時間を減らす

step1

残業は「悪」だと知る

step1 残業は「悪」だと知る

残業が当たり前、という会社に未来はない「残業は悪」という意識改革から取り組もう

根強く残る残業文化の理由とは

今や時代がすっかり変わりました。

かつては、販売戦略の巧みな会社が成長していたけれど、仕事が増えて人が減少している現代にあっては、人材戦略の巧みな会社しか生き残ることはできません。

残業を厭《いと》わない企業戦士が溢れていた時代は終わりました。ましてや、サービス残業を強要するブラック企業など論外です。売り手市場の今、そんな企業に若い人材が集まるわけはなく、**人材が枯渇《こかつ》していく会社に未来はありません。**

とはいえ、残業文化は未だに日本企業に根強く残っています。残業を減らす取り組みが

進んだとはいっても、まだ道半ばといえるでしょう。

昼間に集中して仕事をこなしても、定時に終わらせることができないなら、仕事の割り振りがおかしいか、非効率な仕事の進め方をしているか、いずれにせよ、どこかに問題が隠れている可能性があります。

少なくない残業が、実は実務とは関係のないところで発生している、というのもまた事実です。

社員の意識改革の鍵を握る管理職

プロローグでも指摘した通り、残業をすればするほど可処分所得が増える理由から、定時に仕事を終えない方がいい、という意識で仕事をしている人が少なくありません。効率よく定時に仕事を終えた方が収入が減るのであれば、家族にお金のかかる世代にとって、残業が多い会社ほどありがたいと思うのは当然です。

あるいは、何となく意味もなくダラダラと会社に残っている人たちも多く存在します。

一体それはなぜなのか。

独身男性の場合、早々に帰宅しても別段やることがない人が少なくありません。1人の寂しい部屋に帰るよりは、**何となく人がいる職場にいた方が気がまぎれる**し、光熱費の節約にもなる。

一方の妻帯者は、家に家事や育児の分担が待っていると思うと、なかなか仕事を切り上げる気になれないのが正直なところです。少なくとも、「仕事をしていた」と言えば、遅い帰宅の十分な言い訳になります。子どものオムツを換えたり、子どもをお風呂に入れたり、といった**育児から逃げる言い訳に残業を利用している**わけです。

我が社もかつては残業が当たり前のブラック企業でした。若い独身社員も、こんな告白をしています。

「やっぱり、遅くまで事務所にいれば働いているアピールになるとも思っていましたし(笑)。夜は残業しつつ、昼間は車の中で寝ていたこともありました。あと、仕事途中にパチンコに立ち寄ったことも1度、いや2度くらいありました」(米田文平課長・経営サポート事業本部)

こんなこと、普通の会社であれば社長にバレれば大目玉です。でも、私に言わせれば、残業が当たり前の会社であれば、勤務中にパチンコやら競馬・競艇に行くなんて当たり前です。**人間はサボるのが当たり前、真面目に仕事をやらないのが当たり前。問題は人にあるのではなく、組織の体質にある。**

時代が変わった以上、このままの体質では我が社はダメになる、と私は危機感を抱きました。とはいえ、その意識を社員と共有するのに正論だけを振りかざしていても無理です。残業が減れば評価される。残業が減っても可処分所得が減らない。むしろ残業が減っても所得が増える仕組みをつくらなければ、上司が部下の残業をマネジメントすることは不可能です。そこで、ＩＴ化を一気に推進、空中戦を展開して効率的に仕事を回し、残業を減らし、同時に企業としても大きく収益を伸ばすことに成功した。**残業が減っても可処分所得が減らない仕組みをつくることで社員の意識改革も進みました。**

今や、米田は部長にもっとも近い幹部の１人、組織を牽引する中核に成長しています。

いくら社長が旗振りをしても、管理職が部下の意識改革に取り組まなければ仕事の現場は変わりません。このステップでは、まず「残業は悪なのだ」という認識をチームで共有するための、管理職の人たちのさまざまな取り組み事例をまとめています。ぜひ参考に、最初のステップを踏み出してください。

tips 01

ルート営業に同行しながら隙間時間の活用を促し早帰りへ誘導

株式会社武蔵野の営業課長の遠藤は、ルート営業に回るメンバーに、できるだけ同行する機会を増やすようにしています。**同行時間は短くても回数をこなすことが大事**。何度も同行して一緒にいる時間を増やすと、向こうからの何気ない質問なども増え、こんなフォローを必要としているのかと改めて気づけることも少なくありません。

次のアポまでに多少の空き時間ができた時には、すかさず「今のタイミングで日報の入力をしたらどうか」と促し、**実際に実行できたらストレートに評価**する。帰社した後は、これまでならば今から報告作成……となっていましたが、「もう日報も終わっているから、帰れるね」と定時の終業を促します。そうしたことを繰り返し、**かつては缶コーヒーを飲んでぼんやりと過ごしていた空き時間を有効に活用する**ことで、部下に定時の終業が可能になるのだ、と実感とともに気づかせることができます。

●実践者	遠藤智彦
●社名	株式会社武蔵野
●業種	クリーンサービス
●部下数	6人
●仕事の内容	営業課長として小金井支店のホームサービスを担当。内勤やルート営業のメンバーたちを管理統括している。

こまめに同行しながら時短へ誘導する

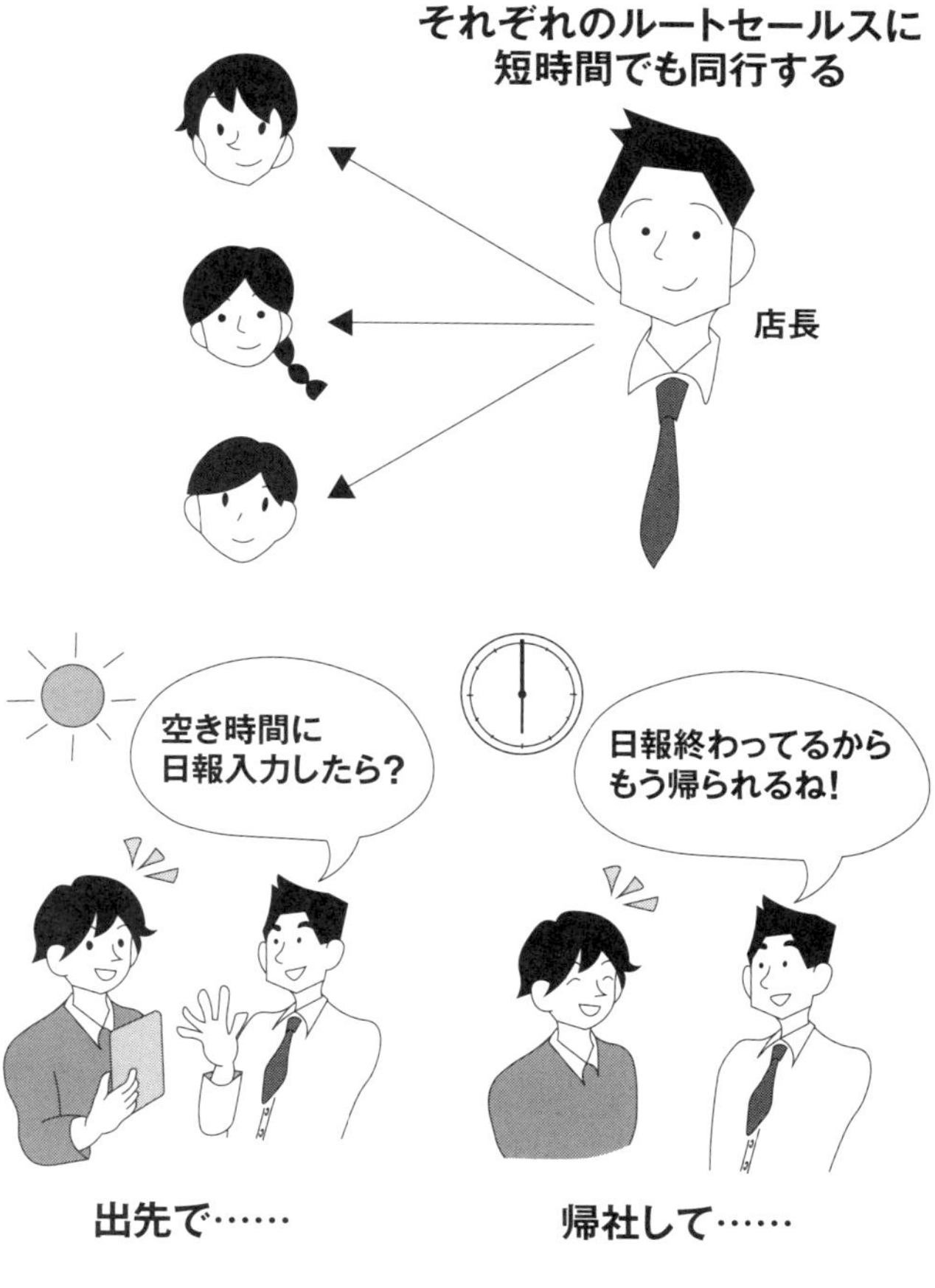

tips 02

あえて早い時間に飲み会を設定し仕事を切り上げるコツを体得

日々、「時短」「残業ゼロ」と言い続けることも大切ですが、実際に仕事を早く切り上げる経験を通して時短の意識を高めていくことも重要です。終わらなければ終わるまでやっていけばいいとの意識が集中力を低め、ダラダラ残業を増やすので、**「終わりの時間」を強制的に決める**のも1つの手です。

郡中丸木株式会社で店長をしている佐久間さんは、**部署ごとの飲み会などをあえて早い時間に設定する**、という工夫をしています。

「明日の部署飲み会は17時30分スタート」と宣言すれば、みんな、その時間に間に合わせるために、**どのように仕事を片づけるべきか逆算**しながら考えます。そして、限られた時間を最大限効果的に使い集中します。常にそういう思考を持てればよいけれど、ダラダラ残業に慣れた人は、なかなか意識が切り替わりません。そこで、「部署飲み」などを早めに設定することで、時短の意識改革を徐々に行っているわけです。

- 実践者　佐久間広子
- 社名　郡中丸木株式会社
- 業種　建設・不動産業
- 部下数　4人
- 仕事の内容　アパマンショップという不動産賃貸のFC加盟店に店長として勤務。賃貸住宅の仲介を行う。

飲み会を早めに設定し、仕事を切り上げる感覚を学ぶ

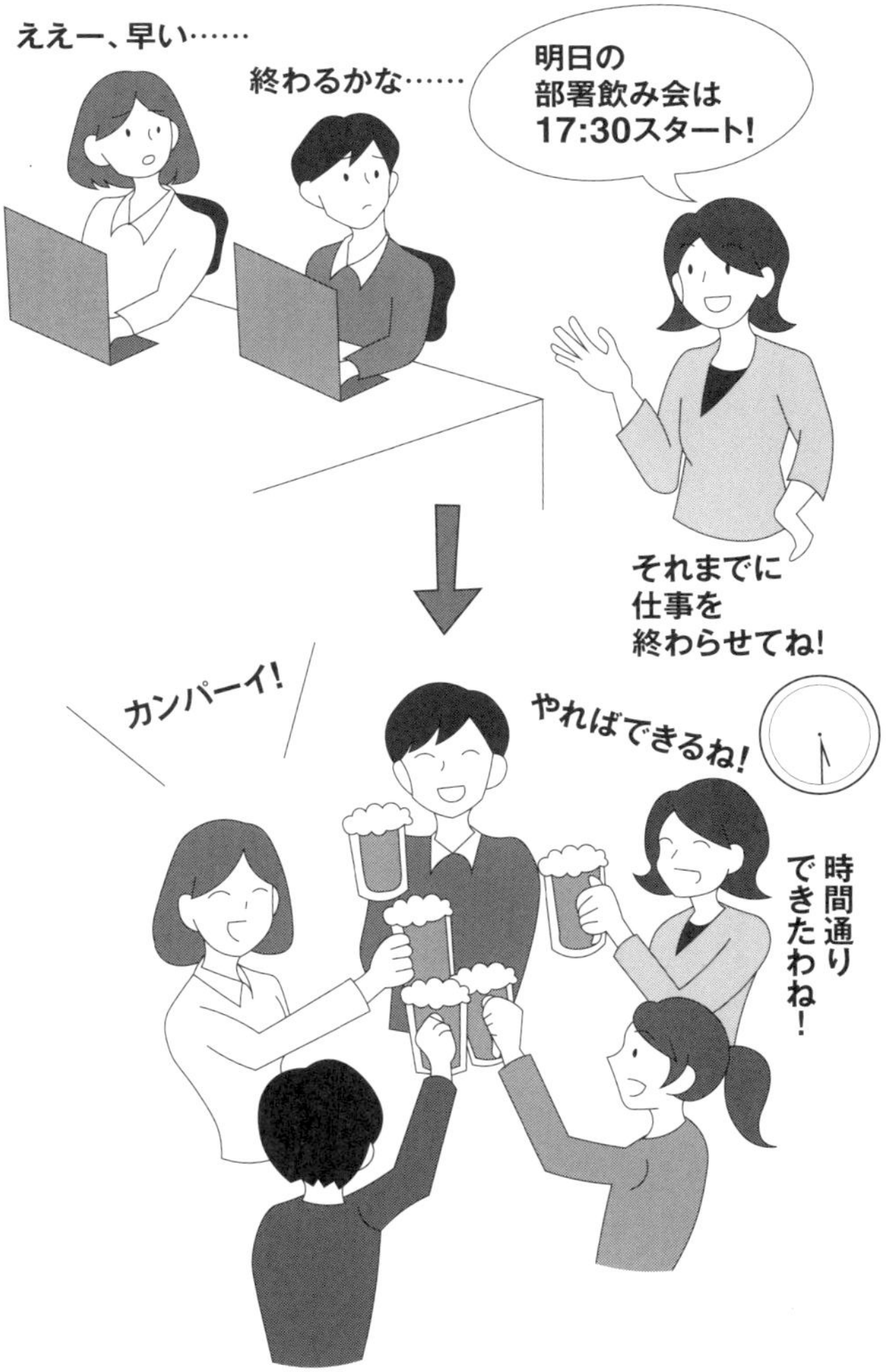

tips
03

部下の勤務状況を社長へ定期的に報告し休日出勤が多いと賞与減額に

残業や休日出勤などの時間外勤務を減らすのに、ただ「早く帰れ！」と言っているだけでは効果的ではありません。これまでの企業文化では、遅くまでコツコツと仕事をすることが「美徳」という錯覚がまかり通ってきたからです。その感覚をひっくり返すには**「残業は悪である！」という認識をしっかりと共有**することが必要です。

そこで、株式会社マキノ祭典では、**幹部が、報告会の場で部下の勤務状況と残業記録を社長に報告**することにしました。**部下の休日出勤が多いと評価が下げられて、それが賞与に反映**します。つまり、幹部にとっては部下の残業や休日出勤の多さは死活問題です。そういうリアリティがあって初めて、「時間外勤務は悪である」という認識が広く浸透していくようになります。

その結果、毎月８日の公休のうち４日休めればよいという状況が当たり前の葬儀業界において、マキノ祭典は見事に休日出勤を激減させることに成功しました。

●実践者	小林幾人
●社名	株式会社マキノ祭典
●業種	葬儀業
●部下数	10人
●仕事の内容	葬儀の施行から、香典返しやお墓まで、供養事業全般を行う葬儀社の取締役として施行業務を取りまとめる。

幹部報告会で明らかになる部下の残業実態

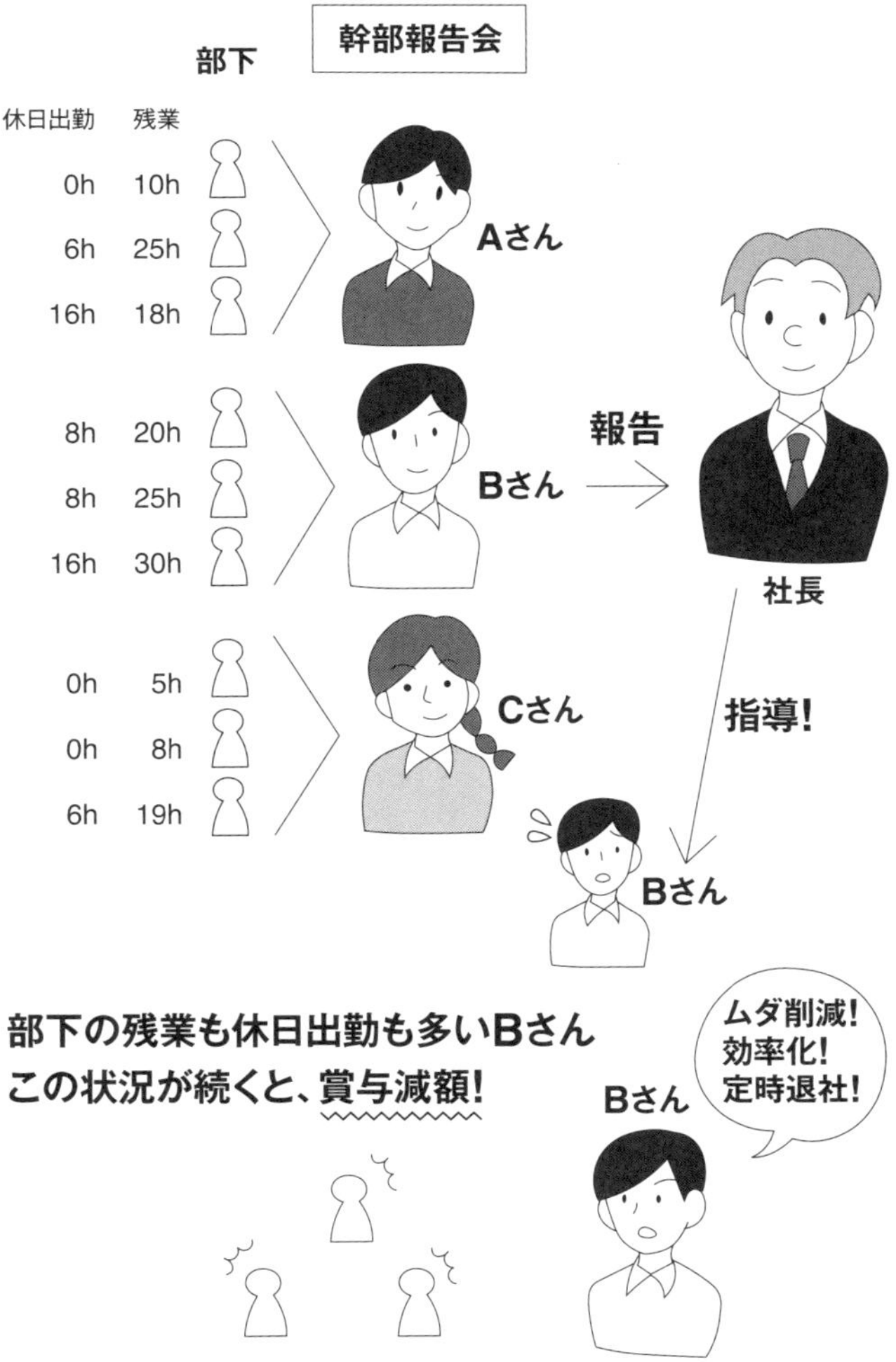

tips 04

防犯カメラで見られているという意識がムダな残業の抑止力に

社内の防犯カメラがムダな残業の抑止力になっている、という会社は少なくありません。株式会社マキノ祭典もその1つです。**社内にある多数の防犯カメラは、社内で残業している人たちの姿もしっかりとらえており、その映像は、iPadを通して、いつでもどこでも確認**することができます。上司に見られているかもしれない、という意識は、ダラダラ残業をしづらい状況を作り出します。取締役の小林さんは、残業が目立つ社員にはできるだけ声をかけるようにしています。何の作業をしているのか、**明日でもよいことなのか、至急のものなのか、といったことを確認**する。

葬儀は前もって予定しておけるものではなく、いきなり発生する仕事の性質上、どうしてもその日に終わらせなければいけない至急のものがあるのはやむを得ません。しかし、明日でもよい業務で残業している場合もあり、その時には、仕事を明日に回して帰宅するように促します。

●実践者	小林幾人
●社名	株式会社マキノ祭典
●業種	葬儀業
●部下数	10人
●仕事の内容	葬儀の施行から、香典返しやお墓まで、供養事業全般を行う葬儀社の取締役として施行業務を取りまとめる。

防犯カメラの抑止力と、上司のこまめなフォロー

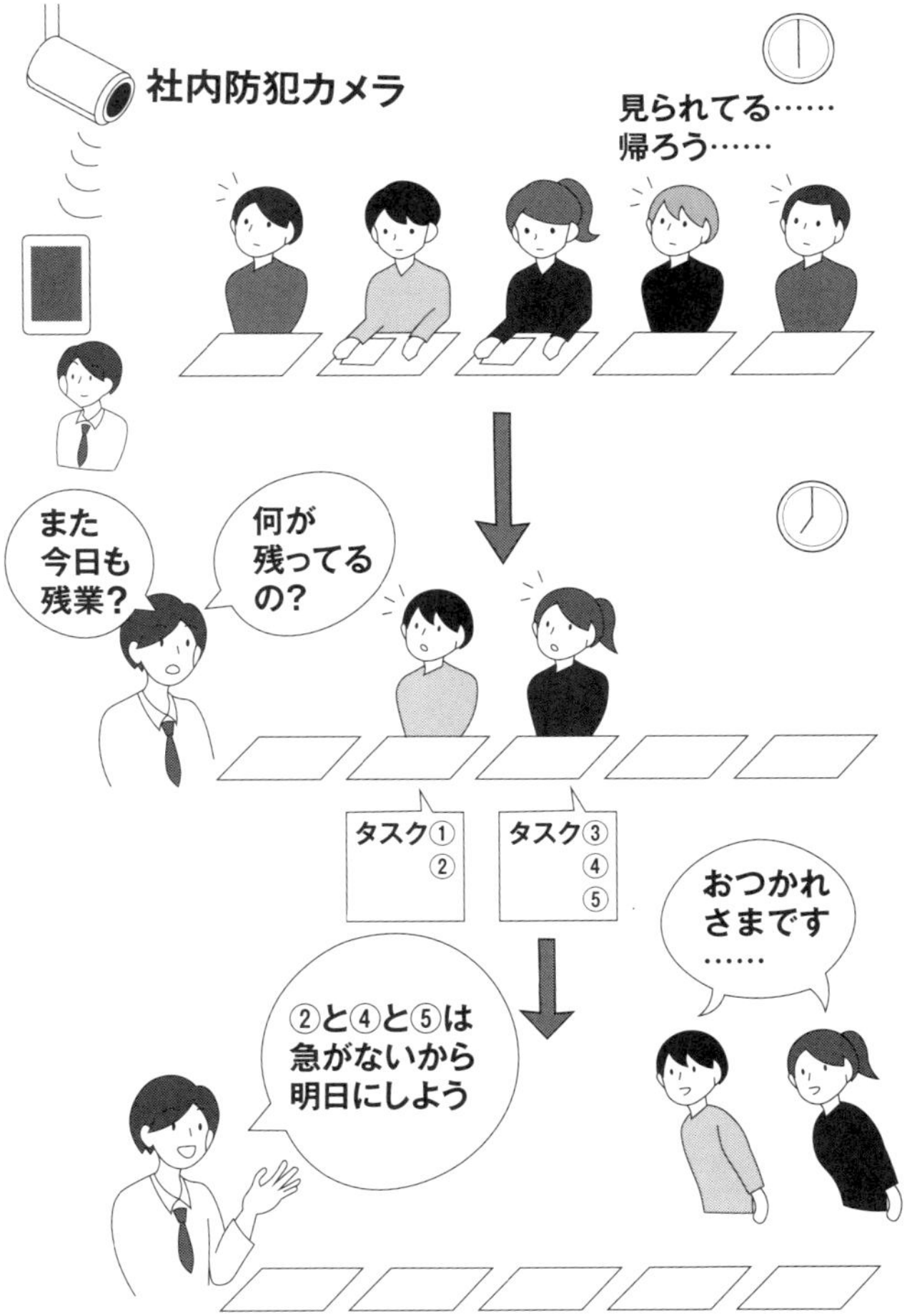

tips 05

休日出勤は全員でするという慣例を廃止 代休取得も徹底する

誰かが残業したり休日出勤したりしていると、自分も残らなくては、出勤しなくては……という気になってしまうのが、日本の伝統的な会社文化でした。大正15年に創業した山形県のゼネコン、株式会社後藤組もその典型だったといえます。休みは日曜だけ、土曜や祝日の出勤は当たり前という社風で、さらに土曜や祝日に現場が稼働すると、実際に必要なわけでなくても、そこに携わる現場担当社員が全員出勤する慣例がありました。

全員の仕事量もないにもかかわらず、「私だけ休むのは気が引ける」という雰囲気で、全員が出勤していたといいます。

この意識を変えるために、後藤組では、**最低限必要な人数しか休日出勤を承認しない。そして休日出勤者には代休の取得を徹底させること**にしました。不平不満が噴出したそうですが、徹底して実行したことで、当時50時間もあった平均残業時間を7時間まで減らすことに成功しました。

●実践者	伊藤新一
●社名	株式会社後藤組
●業種	建設業
●部下数	27人
●仕事の内容	大規模工事から一般住宅まで建築工事を請け負うゼネコンの取締役建築工事部長として、各現場を統括。

1人が出勤するとみんなするという悪しき慣例を廃止

以前は……

現場が休日に稼働すると全メンバーが出勤

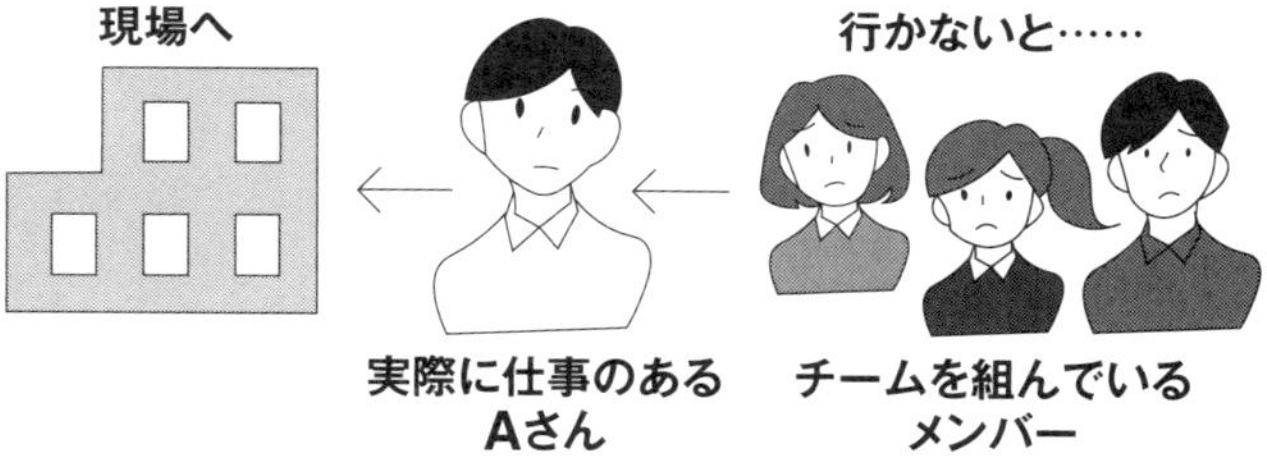

今では……

○必要最低限な人だけ承認

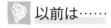

tips 06

毎月の残業計画を各自で考え月2回リーダーが経過をチェック

何となく今日も遅くなっちゃった……という、無計画な残業が最も「悪い」ものだという認識が必要です。本人もリーダーも、当初の見通しが悪かった。効率化すべきところ、あるいは追加で人を投入すべきところなどを事前に見極めることができていなかったと反省するべきです。

株式会社瀧神巧業では、各個人に「時間外作業指示書」の作成を義務づけています。これは、**どれくらいの残業が発生するか、あらかじめ計画を立てさせる**というもの。中旬にピークが来るから、その頃に照準を合わせて前半はその下準備を万全にしつつ定時終業……などとそれぞれに計画を立てさせます。そうすることで、**「いかに残業を増やさずにピークを乗り越えるか」と各自の意識が明確**になります。結果として計画通りにいった場合に、リーダーはしっかりと評価し、本人に達成感を抱かせることが大切。**月2回、中間集計のためにリーダーに指示書を提出させるので、計画通りに進んでいるかのチェック**も万全です。

●実践者	齋藤康光
●社名	株式会社瀧神巧業
●業種	製造業・建設業
●部下数	10人
●仕事の内容	総合建設業の同社において、水門関連事業の製作部長として各種水門の設計・製作を統括している。

あらかじめ残業の見通しを立て計画的に動く！

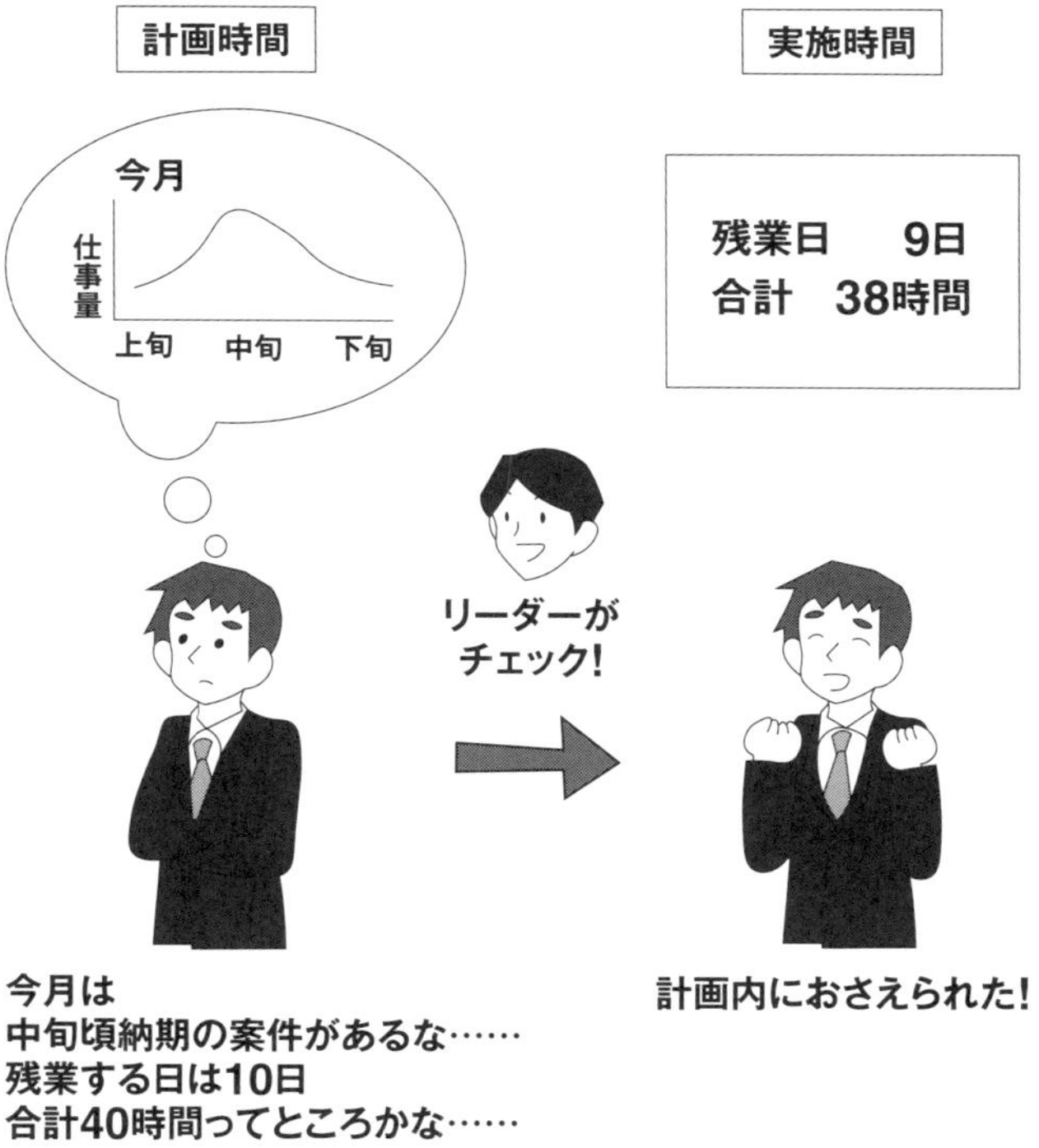

○途中で月2回、部署のリーダーが計画通りに進んでいるかをチェック

tips 07

労働基準監督署の職員を講師に「過剰労働防止」の講義を開催

残業してまで頑張る社員が「社のために身を粉《こ》にして頑張る優良社員」として評価されてきた日本の企業文化は変えていかねばなりません。また、どんなに若くて優秀な社員を雇ったとしても、その人たちをマネジメントする立場の中間管理職の人たちの意識が変わらなければ、効率的に短時間で成果を出し、残業せずに評価されるための仕組みは機能せず、結局は若い人たちの潜在能力を十分に活用し切れません。

そこで、株式会社瀧神巧業の常務取締役・藤原さんは、極めて王道かつ効果的な講義を全社員に向けて開催しました。それは、**労働基準監督署の職員を講師に迎えた「過剰労働防止」の講義**です。過剰労働を防止し、適切な労働時間で生産性を高めることの重要性を、**労働基準監督署の職員が来て目の前で説くのですから説得力があります**。社内に呼ぶのが難しい場合は地方自治体などが折々に行う「過剰労働解消のためのセミナー」などに参加するのもよいでしょう。

●実践者	藤原達朗
●社名	株式会社瀧神巧業
●業種	製造業・建設業
●部下数	43人
●仕事の内容	総合建設業の同社において、常務取締役として、会社全体を統括している。

長時間残業の問題を
労基署職員から直接学ぶ！

◯労働基準監督署の職員を講師に迎えて
全社員向けに「過剰労働防止」の講義を開催

tips 08

「19時退社」のポスターや声かけ、さらに「毎日1時間」の集中時間で意識徹底

ＩＴを上手に活用して業務を効率化したり、進捗や偏《かたよ》りを「見える化」することは大切ですが、徹底的に意識を共有していくためには、**アナログな方法との両輪**が有効です。アナログの部分にも丁寧に取り組んだのが、株式会社モリチュウで経理や総務を統括している吉田さんです。**社内に「19時退社」のポスターを貼り出し、18時30分頃になると「18時30分ですよー」という声かけを徹底**しているといいます。とてもアナログですが、こうしたわかりやすい形のアプローチは社内の空気を引き締める上でとても大切です。

もう1つ、吉田さんが取り入れているのが、**1人毎日1時間、「集中時間」を設定**すること。同じ1時間でも、漠然と過ごす1時間と、**終わりの時間を意識し、ここまでは仕上げてしまおうと集中して過ごす1時間**では生産性が違います。その感覚を毎日繰り返し覚えさせることで、集中することの感覚が自然と身についていきます。

●実践者	吉田智美
●社名	株式会社モリチュウ
●業種	製造業
●部下数	3人
●仕事の内容	お客さまからの問い合わせ対応や受発注、納期調整や出荷手配といった総務・経理・事務の全般を担当。

ポスターと声かけで早帰りの習慣づくり

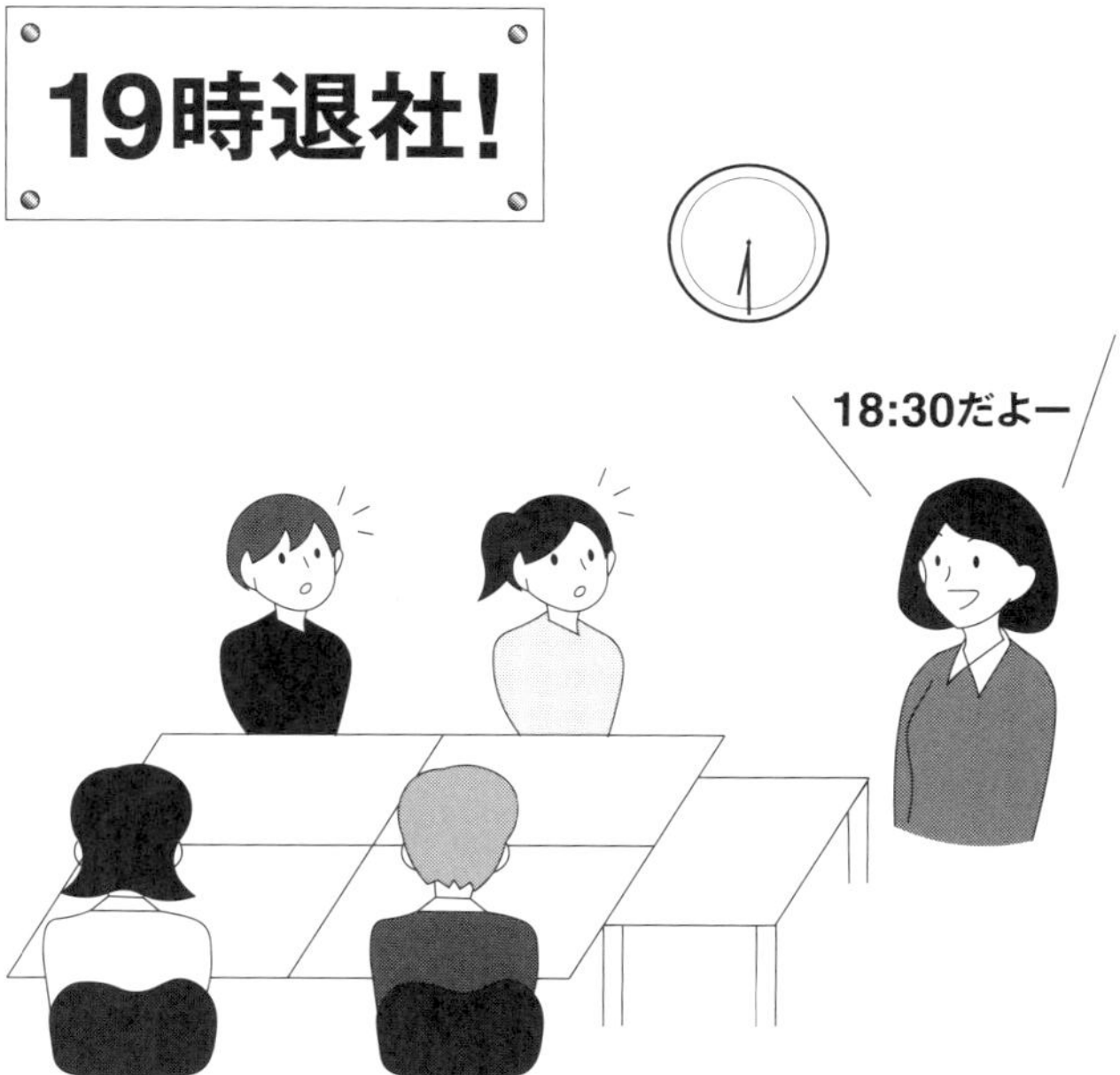
19時退社!
18:30だよー

tips
09

残業減ならマネージャーは賞与加算 前月や前年同月との比較も毎月報告

中間管理職が率先して、チームの残業を減らす旗振りをしてもらうことが必要です。そのためのインセンティブを明確にしておくことも、残業を減らすために有効な取り組みです。そこで、宣研ロジエでは、経営計画書に、**「1人当たりの残業を減らしたグループは賞与を加算する」と明記**しました。残業を減らす＝会社にも社員1人ひとりにも利益をもたらす。

毎月のマネージャーミーティングでは、各マネージャーに、自分のグループの営業スタッフ1人当たりの平均残業時間と営業サポート課スタッフの平均残業時間を「当年当月」だけでなく「前年当月」「当年前月」と一緒に、社長に報告させます。**昨年の同時期と比較してどうか、直近の先月と比較してどうか、残業減への取り組みの温度がより鮮明に伝えられる**ことで、マネージャー自身、少しでもよい数値を報告できるよう、より一層、時短に励みます。

- 実践者　鮎澤秀樹
- 社名　宣研ロジエ株式会社
- 業種　広告制作会社
- 部下数　13人
- 仕事の内容　地域金融機関の販促にかかわる企画立案や販促物の製作を行う同社で営業企画部グループを部長として統括。

残業減でボーナス加算

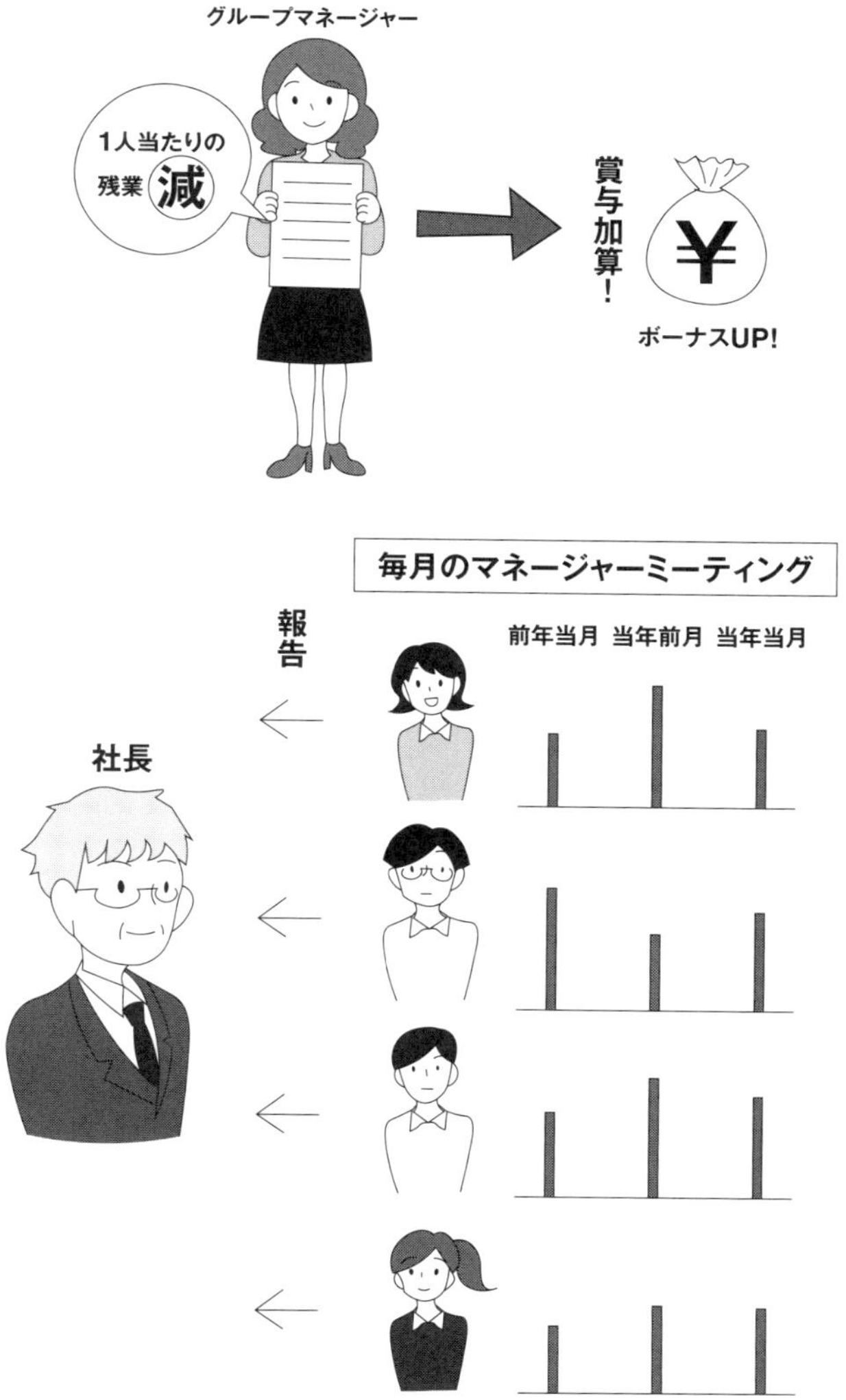
グループマネージャー
1人当たりの
残業 減
賞与加算!
ボーナスUP!
毎月のマネージャーミーティング
報告
社長
前年当月 当年前月 当年当月

tips 10

残業が当たり前の社内の意識を一変
残業ランキングの全社発信

大阪にて配送センター代行業務を行う株式会社関通。かつては、連日21時までの残業が当たり前、定時に帰る方が悪いという社内の空気があったといいます。計画的に業務を行う発想はなく、何となく事務所に残っていても誰も違和感を持つことはなかったそうです。そうした社風を一気に改善するためには、それなりに強制力のあるルールが必要です。同社では、**施錠時間を全社で19時30分に統一する方針**を打ち出しました。また、単なる方針に終わらないよう、同社の営業部長でセンター長の河井さんは**施錠に関するチェックリストも作成し、実際に施錠が行われているかどうかのフォロー**も行いました。

さらに、**残業ランキングを全社に発信**することで、これまでは企業戦士の代名詞だった「残業」という言葉のイメージを一転、残業は悪であるとの意識改革に成功しました。**残業の多さは武勇伝ではなく、効率的計画的に仕事ができないことの表れであるという意識**を広く共有しました。

●実践者	河井章宏
●社名	株式会社関通
●業種	配送センター代行
●部下数	50人
●仕事の内容	入荷から出荷までを扱う配送センター代行を行う同社にて、営業部長、センター長として業務を統括。

残業ランキングを全社発信!

以前は……

残業の多い社員は“がんばっている社員”

今では……

○残業の多い社員は“非効率的な社員”

tips 11

現場単位で生産性の目標を設定 達成できたかどうかを常に更新

残業を減らすために大切なこと。もちろん、最新のＩＴ機器などを導入することや、不要なペーパー類を削減するといったことは重要ですが、もっとも大切なのが目標を設定するということでしょう。何時までに何の処理をどこまで終わらせるのか。そうした計画性を持って作業できるかどうかにかかっています。

株式会社関通の河井さんは、**現場単位で生産性の目標を定めている**そうです。自分たちで定めた**目標を達成できたかどうか、常に更新して貼り出しています。**これは、決して他の現場と競争したりするものではありません。**目的は、あくまでも「昨日の自分に勝つ」ということ**だと河井さんは言います。

自分たちは目的意識を持って動けているか。どのような目標を設定するのか。その目標を昨日より今日、今日より明日と高めていけるのか。そのための工夫を日々継続していけるか。昨日の自分に勝つ、という意識は、私たちに多くのことを気づかせてくれます。

●実践者	河井章宏
●社名	株式会社関通
●業種	配送センター代行
●部下数	50人
●仕事の内容	入荷から出荷までを扱う配送センター代行を行う同社にて、営業部長、センター長として業務を統括。

昨日の自分に勝つという目標

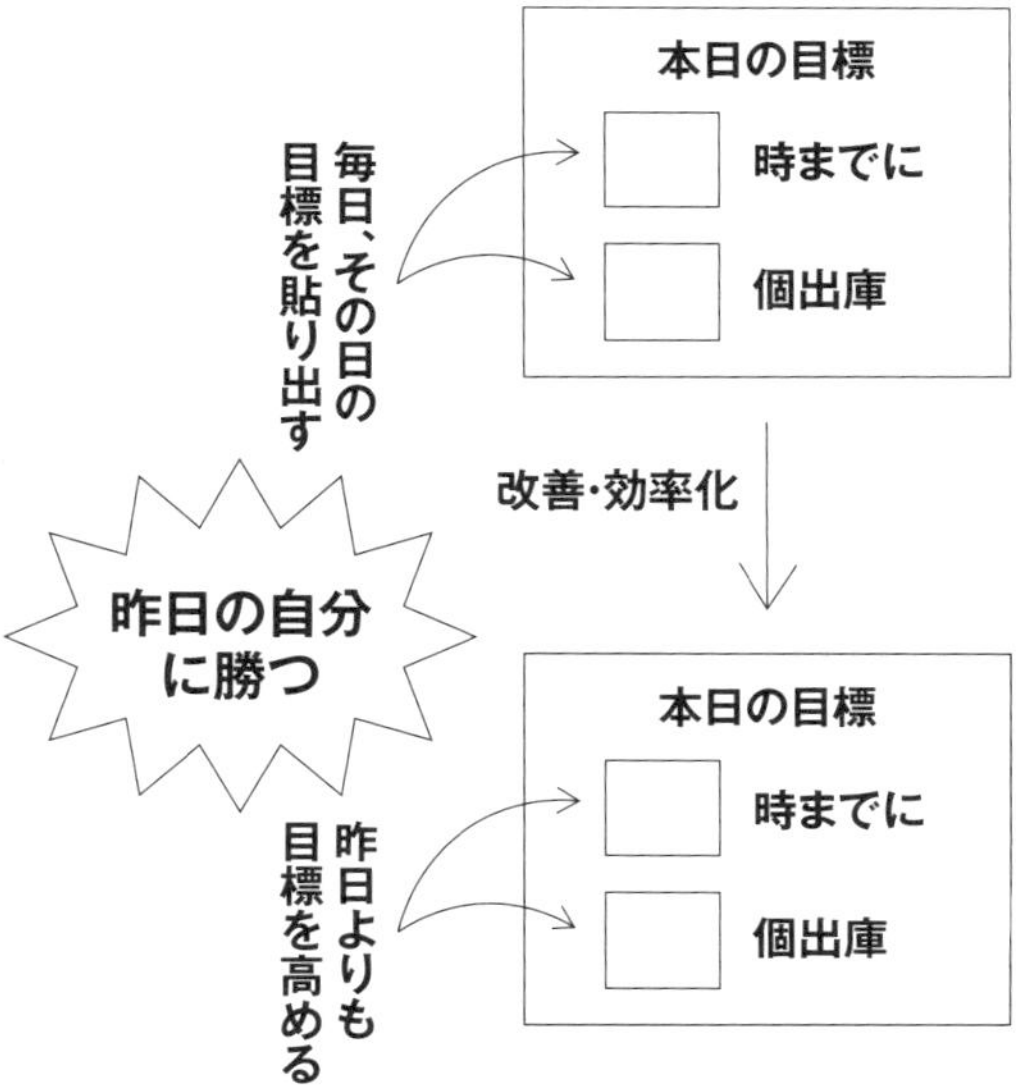

○目的意識を持つ

tips 12

社内の全部署にIPカメラを設置「○○さんが待っているよ！」の天の声も

社内の防犯カメラが残業の抑止力になっている、という話はよく聞きます。実際、上司に見られていると思うと、残業の椅子の居心地は悪くなるものです。その心理の一歩先を行くのが、岩手県の建設会社小田島組です。

社内の全部署、全現場にIPカメラを設置しました。データ通信で画像を送ることができるカメラで、全社員がどこでも画像を確認、会話可能です。そのカメラの存在が、社員1人ひとりの「見られている」という意識を高めたことは言うまでもありませんが、そのうえ、時折、**「○○さん、早く帰りなさい。□□ちゃんが待っているよ！」**といった具合に、社長や上司からの「天の声」が響き渡ります。高橋さんも、残業を続けている現場の部下に、家族の名前を出して退社を促します。

こんなアットホームな呼びかけも、早く帰りたい！と思わせるのに有効ですね。

●実践者	高橋裕司
●社名	株式会社小田島組
●業種	建設業
●部下数	7人
●仕事の内容	道路工事や防潮堤工事などの公共工事やIT関連事業を展開する同社にて、工務部長として現場を取り仕切る。

残業していると天から声が

tips **13**

みなし残業制度の導入で早く帰る意識を植えつける

残業すればするほど残業代がついて、効率よく仕事を回して早く帰る人よりも、もらえる給与がアップする。こんな仕組みではダラダラ残業はなくなりません。本来は、誰もが常にベストを尽くしたうえで、どうしても期限内に終わらない場合だけ、やむを得ずするのが残業です。

そこで、ケーワンテック株式会社では、みなし残業制度を導入。残業時間を想定して残業代を上乗せする「みなし残業制度」では、**残業せずに早く終わらせることができれば、みなし残業代はそのまま嬉しいボーナス**になります。一方で、ダラダラと長く残業をしても、それ以上の残業代はつかず損です。さらに、専務取締役営業本部長の源川さんは、普段やっている仕事を1つひとつ取り上げ、何にどれくらいの時間をかけているか、社員全員に「業務状況確認票」を記入させました。それにより、**本当はそんなに残業せずとも処理できることに各自が気づき**、結果、誰もが定時で終わらせようとがんばるようになりました。

●実践者	源川英樹
●社名	ケーワンテック株式会社
●業種	ビルメンテナンス
●部下数	160人
●仕事の内容	ビルの窓ガラスや外壁などのメンテナンスを行う同社の専務取締役営業本部長として営業を動かしている。

みなし残業制度で早帰り促進！

以前は……

残業したらしただけ……
残業代UP

今では……

想定残業代
終わった！
○早く終えたら
終えただけトク！

tips 14

受付の営業時間を切り上げ 25時以降のメール発信の禁止も

インドアテニススクールやホットヨガ、フィットネスなどの店舗を全国に展開しているノアインドアステージ株式会社。店舗は朝にオープンし深夜24時まで営業しているところがほとんどです。シフト制で勤務しているとはいえ、営業時間中はお客さまの対応に追われ、その他の事務作業は閉店後となると、25時過ぎまで勤務しているスタッフも珍しくない状態でした。

そこで、関東エリア部長の鴻巣さんは、お客さまへの配慮とバランスを取りつつ、**フロントの営業時間を切り上げることを決定**。これにより、事務作業の時間を確保でき、退社時間が早くなりました。これはワークライフバランスの観点からも働き方の改善になりました。さらに、**25時完全退館を経営計画書に明記**し、関西のエリア部長の中山さんは、**25時以降のメール発信禁止**のルールも決めました。そのように**強制力を持たせることで、居心地よくてつい残ってしまう、というスタッフたちの意識も変える**ことができました。

●実践者	鴻巣敦／中山泰孝
●社名	ノアインドアステージ株式会社
●業種	サービス業
●部下数	157人／142人
●仕事の内容	インドアテニススクールやホットヨガなどの企画や店舗運営を多角的に展開する同社の関東エリアの事業所を統括。

受付を早めにクローズ

以前は……

閉館24時に受付クローズ
CLOSE
それから業務……

今では……

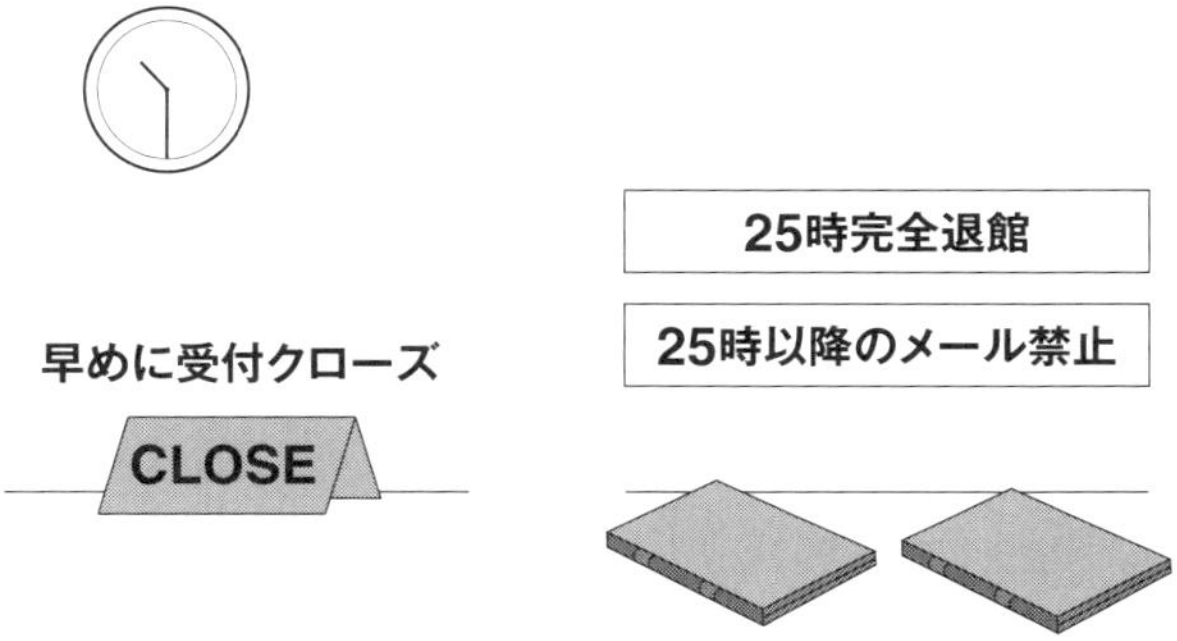
早めに受付クローズ
CLOSE
25時完全退館
25時以降のメール禁止

step2

社内の「ブラックボックス」をつくらない

step2 社内の「ブラックボックス」をつくらない

その人にしかわからない、をつくらない 課長の3年定年制など人が動く組織に

人に仕事がつくことで発生するブラックボックス

「あの人でなければ、この書類のことはわからない」

「あの人が、今、何の仕事を抱えているのか、よくわからない」

こういった状況、あなたの職場にはありませんか？　**社内にブラックボックスが発生しています**。ブラックボックスが生じると、業務のあちこちでムダやムラが生まれます。

誰かが休むと、その人が抱えている案件の処理はストップしてしまう。

実は連携すればよかった業務も、お互いの仕事が見えていないため、それぞれがバラバラに作業をして二重の手間に。

どうしてこんなことになってしまうのでしょう。

まず、そもそもなぜ、ブラックボックスが発生してしまうと思いますか？　それは、**人に仕事がついている状態**だからです。長く同じ人が同じ業務をやっているから、そこにブラックボックスができてしまう。

その人にしかわからないゾーンが発生します。そんなリスクは早めに壊さなければいけません。

私は、「ブラックボックス」をつくらないための仕組みを徹底しています。その1つが、「**課長の3年定年制**」。つまり、課長職は3年以上同じ部署にいられません。3年以内に別の部署へ異動になります。3年経てば、その部署に別の課長がやって来る。**常に人が入れ替わるので、その人でなければわからない、という状況は発生しようがありません。**

同じ人が1つのところに長くいるからブラックボックス化してしまう。だから、人を常に動かします。

モンスターパートの出現を防ぐ仕組みづくり

人の異動という意味では、パートも同じです。中堅社員よりも勤務歴の長いベテランパートは、どこの組織でも珍しくありません。そういうベテランのパートは心強い戦力です。

しかし一方で、ベテランのパートが時として仕事の「見える化」を阻害しブラックボックスを作り出すモンスターパートになりかねません。多くの会社では、同じ部署に同じパートがずっと長く勤めているため、そのリスクが格段に高まっています。

その部署が、モンスターパートの牙城になってしまう。仕事の「見える化」がうまくいかず、モンスターパートの牙城には誰も手が出せなくなってしまう……などという状況になったら最悪です。

なぜそんなことになってしまうのか。それは、多くの会社では、勤務年数が1年経過するたびに、一律にパートの給与を上げるシステムを取っているからです。つまり、長くいる人ほど高くなる仕組みです。これでは、「**長年勤務してモンスター化してください**」と言っているようなものです。

我が社は、**パートも異動します**。そして、**部署が変われば変わるほど、給与が高くなる仕組み**をつくっています。同じ部署に人が留まり続けることは、組織にとって、決して健全な状態ではありません。

ブラックボックスを「見える化」するのではなく、そもそもブラックボックスをつくり出さない仕組みをつくっておかなければいけません。そのためには、「人を常に動かし続ける」ことです。

異動が多い課長ほどエリート候補に

うちでは、部長候補に近い課長ほど、しょっちゅう他の部署に異動になります。経営サポート事業本部マーケティング事業部の岡本真和課長は、入社10年で7回異動しています。あるいは、経営サポート事業本部運営部の米田文平課長は入社12年で13回。これだけいろいろな現場を見ている彼らは部長候補です。組織にとって非常に重要な存在になっています。

岡本真和は、2週間で次の部署に変わったこともありました。どこの部署に異動になっても、仕事が「見える化」しているから、新しい課長でも、マネジメントがきちんと機能する。流れのよい水は澄み切っていますが、流れなくなった水はよどんでしまいます。組織も全く同じ。**人が流れ、情報が流れている組織の空気は澄み切って、仕事も「見える」**のです。要は、その流れを途切れさせないことが大切です。

tips
15

評価面談は、結果だけでなくプロセスにまずフォーカスを

部下との評価面談を行う際、つい結果ばかりにフォーカスを当てて面談を行ってしまいがち。でも、「あれはできているか」「これはできたのか」と成果ばかりを確認していると、部下の側も、とにかく成果を早く出さなくてはとプレッシャーを感じて作業をこなすばかりになってしまい、作業内容の是非や効率化は置き去りに。ムダに焦らせてもいい結果は出せません。大切なのは、**目先の成果ではなくプロセスにフォーカスを当てる**ことです。

どういったプロセスで業務をこなしているのか1つひとつ一緒に確認することで、「その部分はもっと簡略化できるはずだろう」「この部分は総務のAさんに手伝ってもらえばいいね」といった具合に、**非効率で不要な業務をしていないか、明確に洗い出すことができる**ようになる。

効率化した部分については次の面談の時に確認できるので、本人にとってもモチベーションアップ、上司自身も自分の仕事を見つめ直すきっかけになります。

●実践者	松田佑介
●社名	株式会社KOKADO
●業種	エンターテインメント
●部下数	12人
●仕事の内容	話題のシステムを早期に導入して社内システムを構築する業務をメインに、経理や総務でも給与関連の手続きを管理。

面談はプロセスのチェックから!

結果の確認

結果は?
成果は?

プロセスの確認

ここをAさんに
手伝って
もらえば?
①データ洗い出し
②データ整理
③資料作り
④アポ入れ
⑤交渉

tips 16

コミュニケーションアプリで物件情報をリアルタイムに共有

不動産賃貸業などの業種では、物件情報や空室情報など、日々更新される情報が大量にあります。これらの情報をスピーディに更新しつつ、店舗でも外出先でも、社員がすぐにその情報にアクセスできる状態を保つことが非常に重要です。

郡中丸木株式会社では、全員にiPadを支給したうえで、**「チャットワーク」（239ページ）などのクラウド型のツール**の利用をスタート。店長の佐久間さんは、これらを活用して**スタッフ全員が新規物件情報や空室情報に常にアクセスできる環境を整備**しました。店舗で確認できるのはもちろん、物件を案内中の出先からでも常にアクセスして探せます。1つの物件を案内中に、すぐ近くのエリアで似たような物件が出た場合、その情報を素早くキャッチすれば、すぐに提案することも可能。**このスピード感はマンパワーだけに頼っていては不可能**です。ITを上手に活用して情報をリアルタイムで見える化、業務のムダやムラをなくして効率化を進めていきましょう。

●実践者　佐久間広子
●社名　郡中丸木株式会社
●業種　建設・不動産業
●部下数　4人
●仕事の内容　アパマンショップという不動産賃貸のFC加盟店に店長として勤務。賃貸住宅の仲介を行う。

アプリを利用してリアルタイムに情報共有!

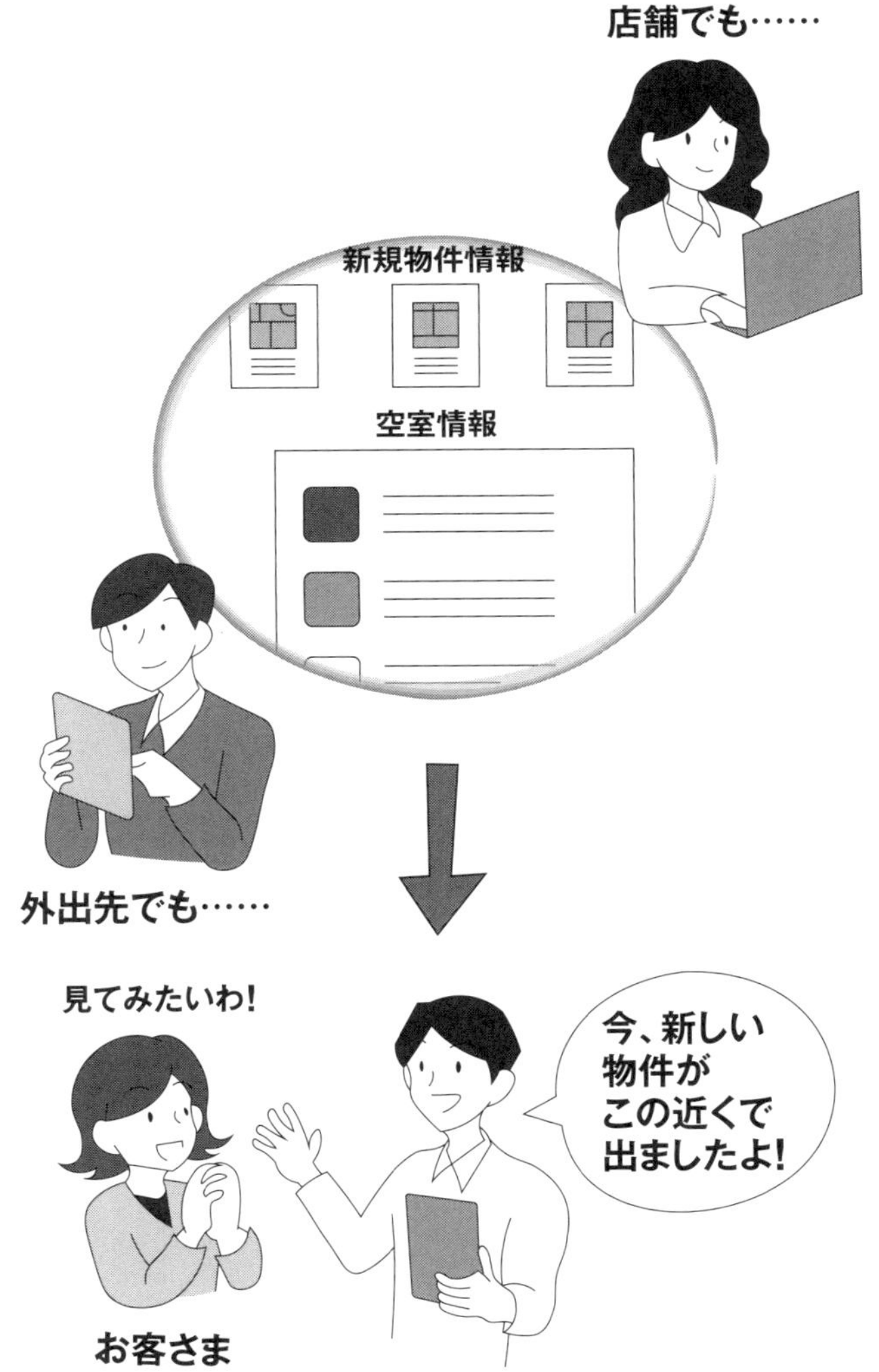

tips
17

毎朝のMTGで発表する1日の予定は終わる時間を必ず明確にさせること

何となく仕事をスタートさせ、合間に入ってきた雑用などで作業を中断させつつ成り行きで仕事を進めていたら、終わる仕事も終わりません。**大切なのは、「終わりの時間」を決めること**。**終わりの時間を意識すると働き方が変わります**。

集中力を保って大きな成果を挙げる人は、必ず終わりの時間を意識できている人です。

郡中丸木株式会社の店長・佐久間さんは、**朝のミーティングの際、全スタッフにその日の行動予定を発表**させています。その際に注意しているのは**「終了の時間」を明確に**させること。「10時にアポあり」と言う人には、「そのアポの終了時間は何時?」と確認します。すると、本人は業務のプロセスをイメージし、45分くらいかな、と終わりの時間を意識します。仕事の時間配分を本人任せにせず「見える化」することで、「終わる時間」の意識を共有し、それぞれの集中力を最大限発揮させることができます。

●実践者	佐久間広子
●社名	郡中丸木株式会社
●業種	建設・不動産業
●部下数	4人
●仕事の内容	アパマンショップという不動産賃貸のFC加盟店に店長として勤務。賃貸住宅の仲介を行う。

スタート以上に重要な終わりの時間を常に意識

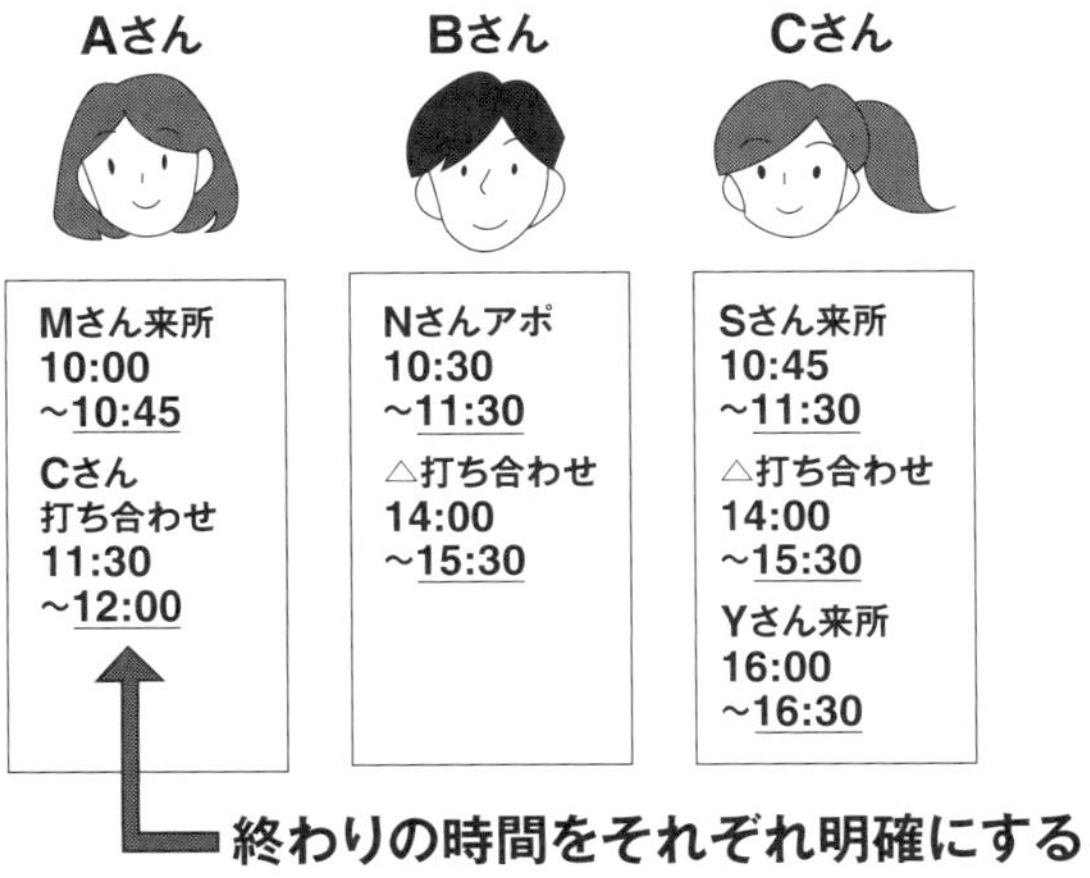

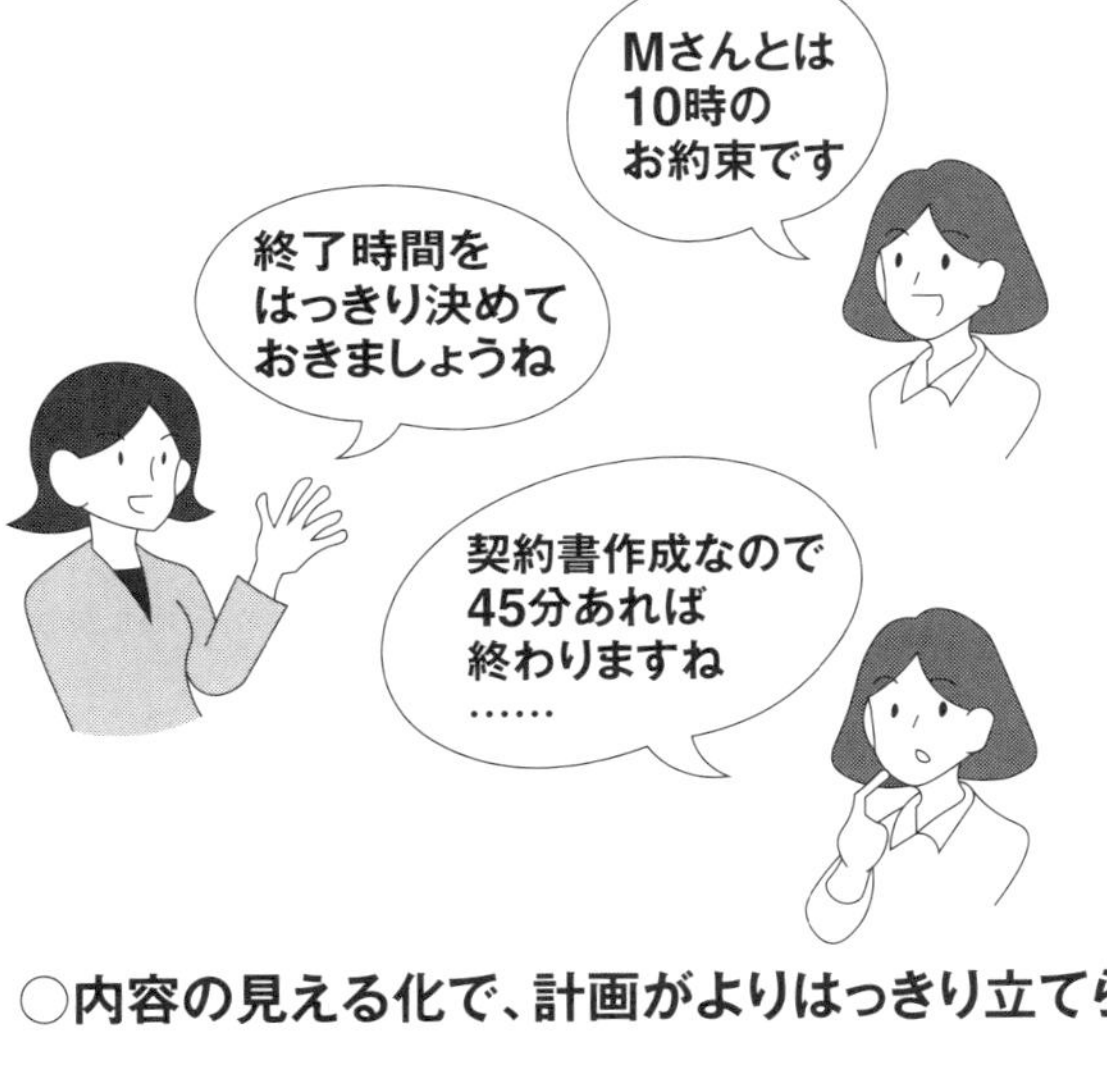

○内容の見える化で、計画がよりはっきり立てられる

tips
18

全店にカメラとディスプレーを設置
他店の状況も一目でわかるように

社内にある防犯カメラの映像を上司がいつでもチェックできる状況にしておくことで、残業の抑止力になるのは先述の通りですが、宣研ロジエ株式会社の営業企画部グループを統括している鮎澤さんの場合は、さらにもう1つの工夫を加え、「見える化」を利用することで残業抑止力を高めています。それは、宣研ロジエの**各店全てにライブカメラとディスプレーを設置し、他店の残業状況が一目でわかるようにした**こと。

自分の職場だけでなく、他店もライブで常に状況がわかる環境を整えることで、いつまでも残業している自分の状況を、より俯瞰《ふかん》してとらえることができるようになりました。**カメラがとらえた自分たちの様子も含めてディスプレーに並んでいることで、残業している自分たちの姿を客観視**できる。他店はもう誰も残業していないのに、自分たちのところだけは3人も残っている……となると、早く切り上げなければという思いも強くなります。

●実践者	鮎澤秀樹
●社名	宣研ロジエ株式会社
●業種	広告制作会社
●部下数	13人
●仕事の内容	地域金融機関の販促にかかわる企画立案や製作を行う同社で営業企画部グループを部長として統括。

ライブカメラで他店の状況も一目瞭然

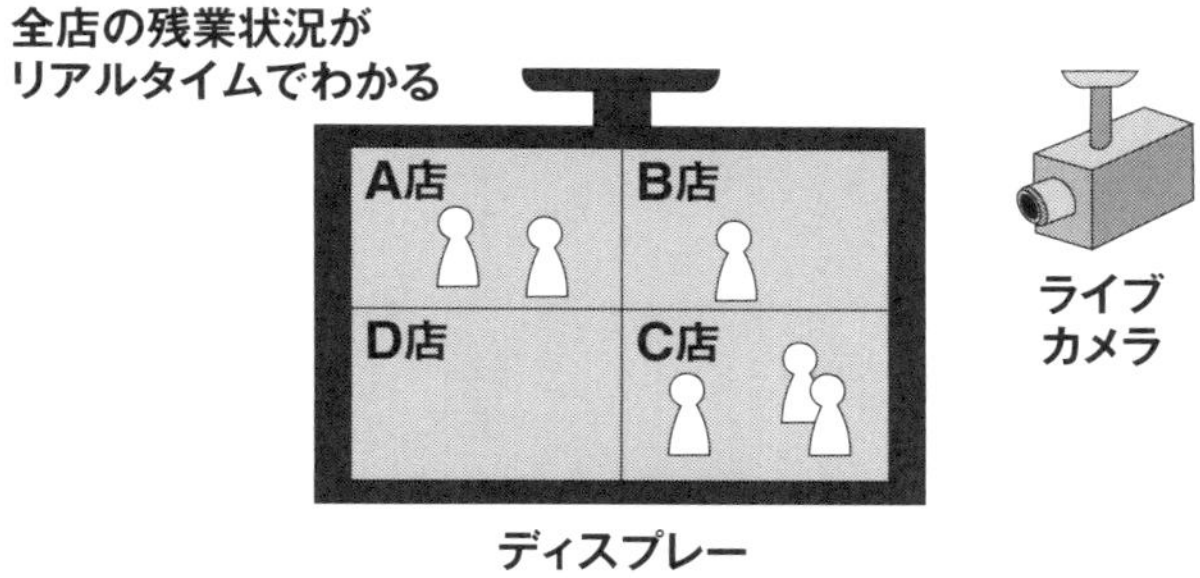

tips 19

クラウド型勤怠管理システムで各拠点の状況をリアルタイムに確認

リサイクルショップを広く展開している株式会社プリマベーラ。事業部長代理として、6店舗の運営統括や事業部全体の運営統括を任されている新井さんにとって、各店舗の勤務状況を的確に把握することが重要です。どの店舗が効率化に成功しているのか、どの店舗が目詰まりを起こしているのかなど、それぞれの状況をつかんで、必要なフォローを行っていく。そのためにも**各店舗の勤怠情報のスピーディな把握は不可欠**です。

そこで新井さんが取り入れているのが、クラウド型の勤怠管理システム「タッチオンタイム」（241ページ）です。**各店舗の勤怠情報はリアルタイムでクラウド上にシェアされ、誰の手を煩わせることもなく情報をチェックできます**。また、それぞれの店長にとっても、自分たちの労働時間の把握が容易になりました。

あとどれくらいで**規定をオーバーしてしまうのか、といったことも一目でわかる**ので、常に時間を意識して業務を行うようになったといいます。

●実践者	新井英雄
●社名	株式会社プリマベーラ
●業種	販売、小売、リユース
●部下数	160人
●仕事の内容	リサイクルショップなどを広く手がける同社において、23店舗のメディア事業部全体の運営統括を担当。

クラウドで勤怠管理をリアルタイムに把握

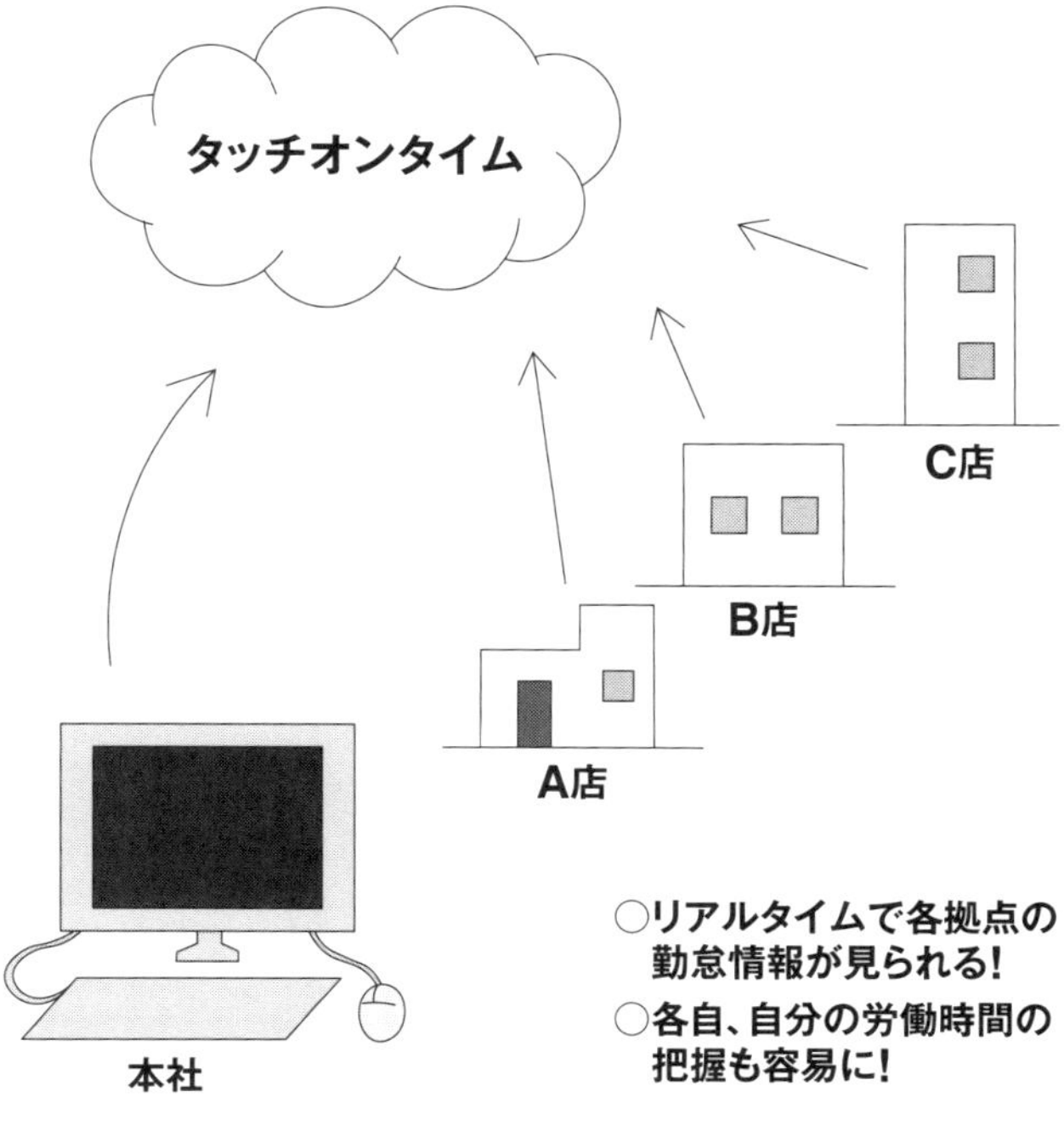
タッチオンタイム
C店
B店
A店
本社
◯リアルタイムで各拠点の勤怠情報が見られる!
◯各自、自分の労働時間の把握も容易に!

tips
20
抱えている仕事を俯瞰的に図にして優先順位を明確にしていく

多くの管理職は、複数の案件を並行して進めていることでしょう。朝から夕方までの限られた時間の中で、本日はどれを優先に処理していくべきか、頭の中で並列に並べてみても、なかなか具体的な優先度は見えてこないかもしれません。

そこで、株式会社プリマベーラで経営企画や採用、教育部門を担っている部長の松田さんは、**自分で行っている仕事を俯瞰的に図にしています**。まずは、自分が携わっている仕事を、①ルーチン ②成果 ③教育 など、**テーマ別に分類**します。次に、**テーマごとに優先順位の高いものからS、A、B、Cとランクづけ**し、それぞれに行動を割り振っていきます。月に1度、その図を見返して**成果の上がるSランクの仕事ができているかどうかを確認**。

進んでいない場合は原因を究明し、**優先順位の低いBやCの仕事を部下に振り分ける**などして、抱えている仕事を整理し自分の中で「見える化」しています。

●実践者	松田隆宏
●社名	株式会社プリマベーラ
●業種	販売、小売、リユース
●部下数	4人
●仕事の内容	リサイクルショップなどを広く手がける同社の部長として、経営企画や採用、社内教育などを担当。

仕事を俯瞰して表にしてみる

	A	B	C	D	E	F
1	優先順位	ルーチン		成果		教育
2	S	ブログ確認		○○商品のご案内		部下面談
3		ビジュアライズ		○○営業		新卒関係
4		○○○票記入				
5						
6	A	メール確認		○○視察		プレッシャーズキャンプ
7		売り上げ確認				eラーニング
8						全体朝礼
9						
10	B			○○プログラム開発		セミナー開催
11						
12						
13	C	○○連絡		○○処理		
14						
15						
16						
17						
18						

抱えている仕事を
テーマ別に分類
優先順位ごとに
ランクづけ
Sランクの仕事が
できているか？
BCランクの仕事は
部下に振り分け

◯抱えている仕事を
自分の中で「見える化」

tips **21**

上司と部下でスケジュールアプリを共有　隙間時間を利用して打ち合わせ

上司と部下の密なコミュニケーションは、仕事を効率的に進めて、残業を減らす前提意識を共有するために欠かせません。ところが、改まって「ミーティング」をセッティングとなると、アポが入っていたり、書類作成の締め切りに追われていたりと、時間調整が難航する場合も少なくありません。とはいえ、部下と上司、できる限り頻繁に話し合う時間を持ちたいものです。

ケーワンテック株式会社の取締役事業本部長・菊池さんが実践しているのが、**上司と部下でスケジュールアプリを共有する**こと。当初は、サーバー管理会社のソフト「コラボレートボックス」を使っていましたが、iPhoneとの連動性を考え「グーグルカレンダー」へ移行。これにより**部下は常に上司の予定を把握**できるようになりました。「この辺りでちょっと15分ほど時間をください」と、絶妙なタイミングを狙って声かけができる。余計な調整などに時間を取られず、**お互いに無理のないタイミングで打ち合わせを入れる**ことができます。

●実践者	菊池光之
●社名	ケーワンテック株式会社
●業種	ビルメンテナンス
●部下数	120人
●仕事の内容	ビルの窓ガラスや外壁などのメンテナンスを行う同社の取締役事業本部長として事業全体を統括。

上司とスケジュールアプリを共有

以前は……

お互いに時間をつくって
打ち合わせ

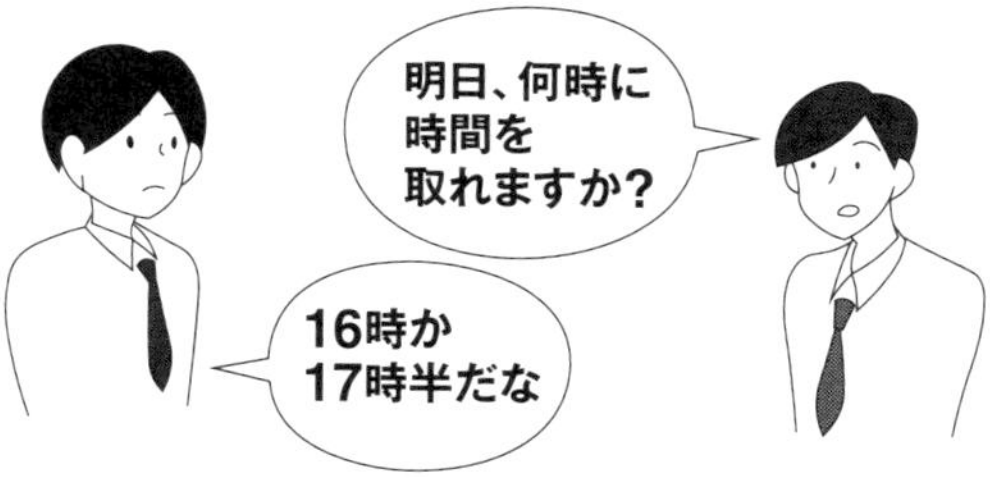

ボクはその頃外回り……

今では……

○上司とスケジュールアプリ共有

の明日の予定

9:00 ｜ ミーティング ｜ 10:00

10:00 ～ 隙間時間 ～ 10:45

10:45 ｜ クライアント訪問 ｜ 12:00

13:00 ｜ ミーティング ｜ 15:00

15:00 ｜ 現場 ｜ 17:00

step3
「ムダ」を捨てる

step3 「ムダ」を捨てる

業務の「風景」を見つける新しい目 ルーティンの中に隠れたムダをあぶり出す

当人では「風景になっているもの」に気づかない

これまでの慣例だからと作成していた報告書。コピーしてファイルしていた書類。当たり前に積み込んでいた道具。携行していた資料。パソコン上に残していたファイル。

私たちの仕事の多くは日常のくり返しです。冒頭でも、決められたことを決められた通りにやるＥＧ（２５５ページ）の「緑色」傾向の強い人が会社組織の安定的な運営のために不可欠で、武蔵野は、この「緑色」の多い人が65％もいることで安定して業績を伸ばしているとお伝えしました。実際その通りなのですが、実は、このルーティンの中にも落とし穴があります。

それは、**さまざまなことが「風景になってしまう」**ということ。毎日同じことをくり返している人には、日々の業務を取り巻くさまざまなことが全て見慣れた「風景」になってしまい、実は**その中にムダやムラの原因が潜んでいても、なかなか気づくことができません。**

「ブラックボックス」をつくらせない仕組みとも共通している部分がありますが、この「風景になっているもの」を気づかせる仕組みとして、**課長職以上に年に1度、月末から月初にかけて9日間連続の有給休暇の取得**を義務づけています。さらに、**上級社員は5日間連続の有給休暇の取得**が必須。つまり、**仕事の現場から一定期間、担当者を不在にさせる。**

それによって何が起きるか。

その人が今までやっていた仕事を、他の誰かがしなくてはいけない。だから、その仕事がよく「見える」ようになる。そして、その人には「風景」になっていたもの、その人には「当たり前」になっていたものが、当たり前ではないものとして見えてきます。

新しい人に変えると仕事の効率はよくなる

仕事は、**常に同じ人だけがやると効率が悪くなる**ものです。同じ人が継続してやった方が、ますます熟練していき、ますます効率よくなるのではないか、と考えた人は、全くダメな発想の持ち主です。現実は、その真逆です。

同じ人が同じことをやっていると、その作業に慣れて、**自分のやり慣れた方法が一番正しいと思い込んでしまう**ものです。確かに、その人にとっては、その方法が一番やりやすいでしょう。慣れ切っているから。

しかし、**新しい人がそこに入ってくると、風景になっていたものがあぶり出されます。**このやり方は、かえって手間になっているのではないか？　この書類のフォーマットを少し変えるだけで、誰もが記入しやすくなるのではないか？

ルーティンの中に埋没していた作業を、新しい視点で見直すことで、よりよい形への提案が生まれてくる。

当社には、一時期、社内にデジタルカメラが50台もありました。それぞれが、そのカメラで撮影してデータを取り込んでからチャットワークにアップロードしていましたが、その部署の責任者を高橋佑旗部長に変えたら、気づいた。

「全員、今やiPadを持っているじゃない。いちいちSDカードの抜き差しなどをやって画像を取り込まないとならないデジカメを使うよりも、iPadのカメラ機能を使えばいい」

よく考えれば当たり前ですよね。でも、担当者が変わらなければ、風景になっていたデジカメのおかしさを指摘する人がいなかった。

早速、すぐにデジカメを全廃しました。iPadで写真を撮って、そのままチャットワークにアップロードして終了。作業が一気にラクになりました。

未だにデジカメなどが社内に残っている会社は要注意です。他にも風景になっているものが多数あるはずです。

本部長を全員異動で2ケタ成長を実現

今年、１１１％の成長を達成したとプロローグの冒頭で述べました。なぜそれだけの業績を出せたのか。実は52期（２０１５年）に、**本部長の肩書きの人を全員異動させた**。全員異動ですから、社内も大騒ぎです。でも、**あらゆる部署の風景になっているものをなくす**ために、あえて断行。一部の部署は、意識を変えるために組織の名称も変えた。その結果が、翌**53期の１１１％成長**です。

チームをマネジメントしている人は、「風景になっているもの」を常にあぶり出すようにしていきましょう。とはいえ、自分で目を皿のようにしていても、現場の「風景」は見つかりません。人を動かすことです。**現場に新しい目線を常に取り入れること**です。

tips
22 紙ベースの管理をやめITを活用 シームレスにデータを共有

未だに紙やエクセルベースで経理の処理をしている会社が少なくありません。売上伝票の集計やファイリングなどの作業が必要で、手計算や記入のミスのリスクも。大いなる「ムダ」「ムラ」になり、結果として残業につながります。

そこで、株式会社KOKADOでは、営業部の全員にiPadを持たせました。このiPadも**Wi-Fiのアクセスポイントを気にすることのないよう携帯電話同様にどこでもネットにつながるセルラーモデルを選んだ**ところがポイント。初期投資は大きくても、その後の業務の効率を大幅に改善できれば、結果として残業も減り生産性も上がる。さらに「ファイルメーカー」（238ページ）というアプリケーションを導入して集金業務をシステム化し、営業マンが現場で入力した数字が自動的に集計され、本社の経理とも瞬時にデータを共有できるようになりました。これにより**営業と経理がシームレスにつながり**、それまでの仕事のムリ・ムダ・ムラをなくすことに成功しました。

●実践者	松田佑介
●社名	株式会社KOKADO
●業種	エンターテインメント
●部下数	12人
●仕事の内容	話題のシステムを早期に導入して社内システムを構築する業務をメインに、経理や総務でも給与関連の手続きを管理。

紙ベース管理のムダ・ムラをなくす!

以前は……

紙ベース

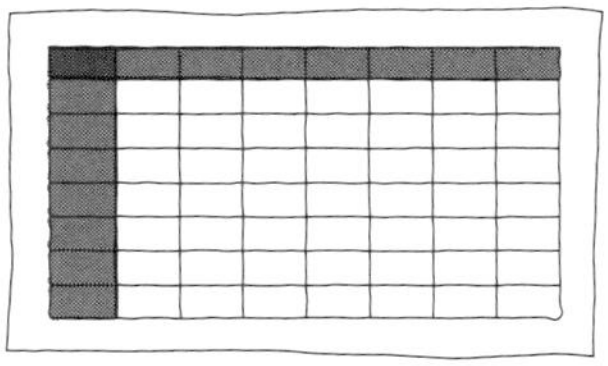

表データソフト

ファイルメーカーアプリの導入

セルラーモデルのiPadを営業部の各自へ導入

今では……

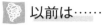

tips 23

営業の車内を月に1度チェック ムダを省いて商品管理を的確に

「カサが2本も入っているけれど、1本で十分じゃないか」

「出し入れの頻度が多いものは手前の方がいいんじゃないか」

これは、ルート営業に使う各スタッフのライトバンの車内を、月に1度、株式会社武蔵野の遠藤をはじめとした支店長と各部門のチーフが中心となってチェックする取り組みで出てくる意見です。

車内の状況を確認しながら意見を出し合うと、様々な発見があります。**大切なのは、ムダなものを車内に詰め込まないこと**。車内のムダが減ると、**商品の取り出しがスムーズになる上、車内にある商品の在庫の有無も一目でわかる**ので、自分の頭の中にしっかりインプットされます。訪問先で「○○はあるかしら?」と聞かれても、車内に確認に戻る必要もなくその場で即答できます。

お客さまの喜ぶ素早いアクションを取ることが可能になり、自分自身の業務にもムダな動きが減る。結果的に成績がアップし早帰りにもつながっています。

●実践者	遠藤智彦
●社名	株式会社武蔵野
●業種	クリーンサービス
●部下数	6人
●仕事の内容	営業課長として小金井支店のホームサービスを担当。内勤やルート営業のメンバーたちを管理統括している。

営業の車内を月1回チェック！

マットは
後ろの方が
いいですね
カサは
2本も
不要では？
○よく使うものは
取り出しやすい位置に！
○ムダなものを減らす
○在庫の有無・個数を
的確に把握

tips 24

過去の慣例にとらわれることなく ムダな書類提出は全廃にする

時代は常に動いています。昨日と同じ今日、今日と同じ明日は「現状維持」ではありません。時代から取り残され「後退」していくことを意味しています。変化のスピードは速く、昨日までの常識が今日の常識とは限りません。ルーティンになっている慣例を見直してみることが大切です。

大正時代からの老舗ゼネコンである後藤組でも、「昔からずーっと提出してきた書類だから、これからも提出しなくてはいけないもの」という思い込みで、**誰も何の疑問も持たずに律儀に毎週欠かさず提出していた書類があった**といいます。

しかし、よく考えてみたところ、**その書類には現時点では何の意味もない**ことがわかりました。管理職が多少、ラクをするためだけに残っていた書類だったそうです。取締役建築工事部長の伊藤さんは、それらの書類を**「カス書類」と一刀両断、全廃**としました。必要なのは**昨日までの常識を疑うセンス**。情報技術の発達した現代、省けるムダは意外と多いです。

●実践者	伊藤新一
●社名	株式会社後藤組
●業種	建設業
●部下数	27人
●仕事の内容	大規模工事から一般住宅まで建築工事を請け負うゼネコンの、取締役建築工事部長として各現場を統括。

ルーティンになっている書類やファイルの必要性を精査

以前は……

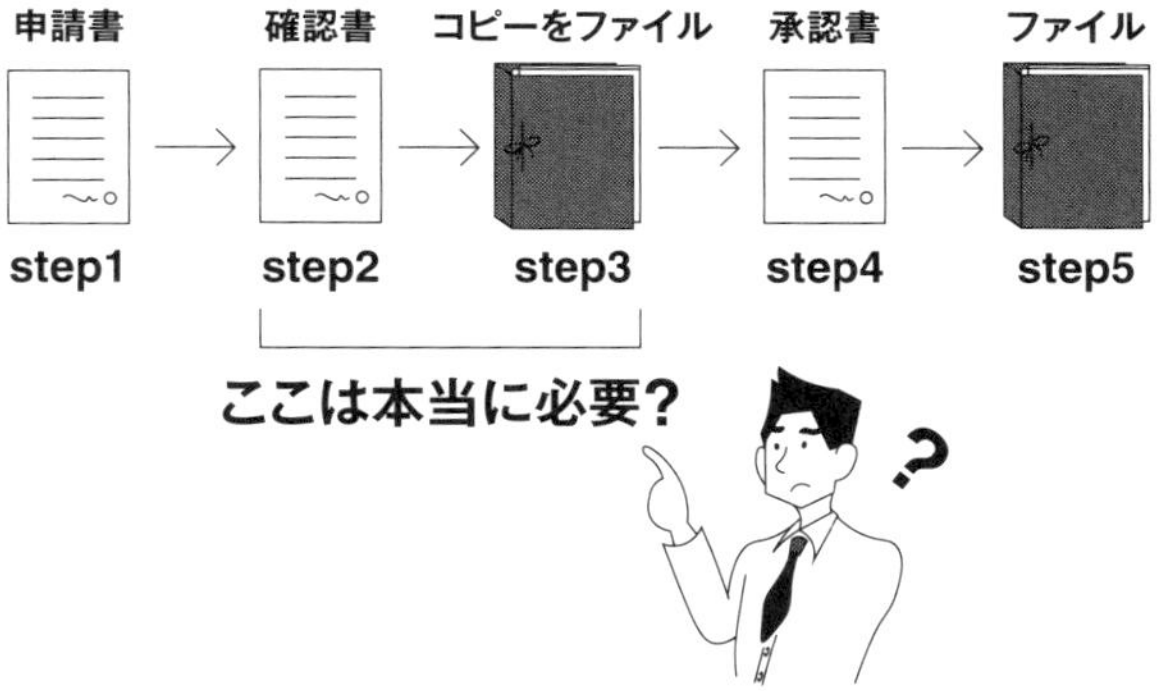

今では……

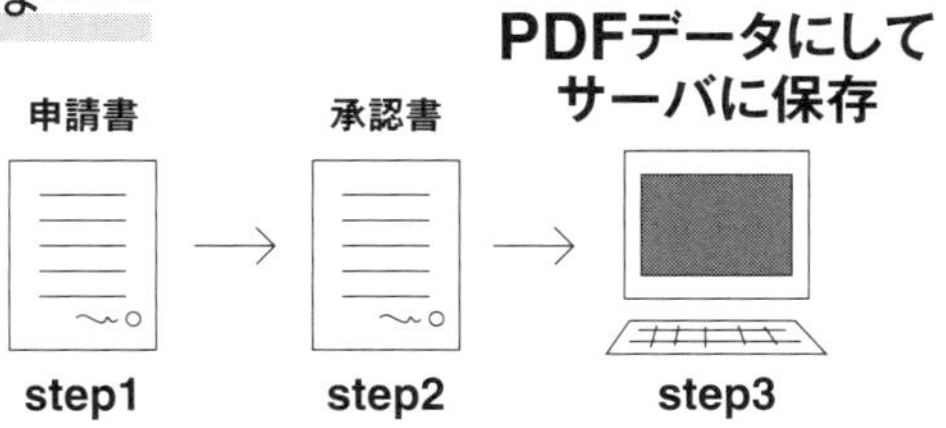

tips 25

部下への進捗確認はチェックシートに基づいて的確に

管理職の仕事は決定とチェックです。しかし、そのチェックの方法論が重要です。思いついた時に、さみだれに進捗を確認していては、部下も混乱するだけです。チェックの内容も「あれはどうなった？」「その後、どうなってる？」というような曖昧なものばかりでは、具体的な対話が積み重なっていかず、上司にとっても部下にとっても時間の浪費になってしまいます。そのことに気づいたのが老舗ゼネコンの後藤組の取締役建築工事部長の伊藤さん。

チェックすべきポイントを明確にしないまま、曖昧な確認で時間が過ぎていく現状を改善すべく、チェック内容を明確にした**チェックシートを作成してマニュアル化**しました。

納期ギリギリになって慌てて確認したり、処理途中の部下をむやみやたらに焦らせたりすることなく、**適切なタイミングで的確なポイントをおさえてチェック**できるようになり、ムダな時間浪費が消滅したそうです。

●実践者	伊藤新一
●社名	株式会社後藤組
●業種	建設業
●部下数	27人
●仕事の内容	大規模工事から一般住宅まで建築工事を請け負うゼネコンの、取締役建築工事部長として各現場を統括。

さみだれの確認は部下も混乱、チェックシートで的確に

以前は……

確認しているだけで時間ばかりが過ぎていく～

今では……

○チェック内容をシート化して明確にすると確認事項も絞られて、時短に!

tips
26
持ち出し資料やサーバ上のデータの定位置管理徹底で準備時間を削減

効率的に仕事を回している会社は、空間にムダなものが溢れていることもなく、すっきりと整理整頓され定位置管理が徹底されているところがほとんどです。逆に、定位置管理が徹底されていないと、さまざまなムダやムラが発生します。

みんなで共有している書類作成のための持ち出し資料。誰かが持ち出しては、どこか別の場所に置きっ放しにしたり、別の棚に戻していては、肝心な時にすぐに見つけることができません。あるいは、サーバ上でのデータ管理も同じことです。適切に保管できなければデータの2次利用ができず、ムダな作業を繰り返すことに。

宣研ロジエの営業企画部グループの統括部長・鮎澤さんは、その点にこだわり、**持ち出し資料やサーバ上のデータ管理の定位置**に取り組んでいます。**営業準備のための資料や、提案書用のデータなどに、誰もが必要に応じてすぐアクセスできる環境を整え**、営業の準備時間を大幅に削減しました。

●実践者　鮎澤秀樹
●社名　宣研ロジエ株式会社
●業種　広告制作会社
●部下数　13人
●仕事の内容　地域金融機関の販促にかかわる企画立案や販促物の製作を行う同社で、営業企画部グループを部長として統括。

資料もデータも定位置管理!

以前は……

今では……

○あらゆることを定位置管理し、準備時間短縮!

tips
27

「やるべきことリスト」と同時に「やらないことリスト」もつくる

今日の仕事の予定を頭の中で組み立ててから仕事をスタートさせている人は多いでしょう。それ自体は評価すべきです。**やみくもに走り始める人は頭の中を整理していないため仕事の進め方にもムラがあり、集中できる時と雑用に振り回される時が混在して、結果として効率が悪くなる**傾向にあります。

とはいえ、「やること」をリストアップして優先順位をつけることには熱心な人にも、盲点があります。それは**「やらないこと」という視点の欠如**。「急ぎではないこと」を、「優先順位を下げる」ことで処理しがちですが、順位を下げるのではなく、**その日の「やらないこと」リストに入れることが大事**。それを習慣にしているのが株式会社プリマベーラの根津さんです。「今日はやらない」と決めておくと、ついつい欲が出て優先順位が下の仕事にまで手を出して、結局残業……といった事態を防げます。また、部下のタスクを確認し、やらないことを決めてあげながら、「やらないこと」という発想の重要性を共有しています。

●実践者	根津典人
●社名	株式会社プリマベーラ
●業種	販売、小売、リユース
●部下数	84人
●仕事の内容	リサイクルショップなどの店舗を多数展開する同社において、事業部長代理として大勢の部下をマネジメント。

「やらないこと」を意識する

tips 28

毎日の日報の情報量を意図的に減らし、報告と実施とのバランスを改善

正社員だけでなく契約社員などにも日報記入を義務づけている会社は少なくないでしょう。その日何をやったのか、営業職、事務職、現場など、それぞれに業務内容を報告するのが日報です。しかし、この日報作成に時間を取られて残業になってしまった……などという実態があることも事実。たくさんの情報を日報に書き連ねるという慣習に対して疑問を抱き、改善していったのが株式会社プリマベーラの松田さん。

かつては、大きなことから小さなことまで、さまざまなことを日報に書き込まねばならず、報告項目が多く、逆に実施しなければいけない業務も増えてしまう悪循環に陥っていました。そこで、**毎日の日報の量を意図的に少なくすることで、日報を書く側にとっても読む側にとっても、その負担を減らし、実施と報告のバランスを取りました**。当たり前となっていた日報の項目を見直す、ちょっとした目線が大きなムダの削減につながったよい例です。

●実践者	松田隆宏
●社名	株式会社プリマベーラ
●業種	販売、小売、リユース
●部下数	4人
●仕事の内容	リサイクルショップなどを広く手がける同社の部長として経営企画や採用、社内教育などを担当。

日報をあえてサイズダウン

以前は……

今では……

○日報の量をあえて少なくした

tips 29

頭の中とPCは連動している
常にデータ整理でムダやムラを省く

社員のパソコンの中を見ると、その人の頭の中が整理できているかどうかは一目瞭然です。2次利用しやすいようにバックナンバーが整理されているか。過去にダウンロードしたファイルがそのままバラバラになっていないか。

それらが**きれいに片づいている人は、頭の中もしっかり整理できていて、1つひとつの業務にムダやムラがありません**。一方、1つの書類を探し出すのに、いちいち「検索」機能などで大量のデータの中から探し出す人は業務にムダやムラが多く、余計な時間やエネルギーを浪費していることになります。株式会社プリマベーラの部長・松田さんは、そのことをよく理解しています。ですから、**常にデータの整理整頓を心がけているうえ、3カ月に1度は情報環境の整備ができているかをチェックしています**。ムダなデータは気づかないうちに溜まるもの。どんどん増えるデータの**整理整頓を習慣化することが、ささやかに見えて、仕事のムダやムラを減らすための重要な取り組み**です。

●実践者	松田隆宏
●社名	株式会社プリマベーラ
●業種	販売、小売、リユース
●部下数	4人
●仕事の内容	リサイクルショップなどを広く手がける同社の部長として経営企画や採用、社内教育などを担当。

PCを整理して頭もスッキリ

頭の整理　＝　PC内の環境整備

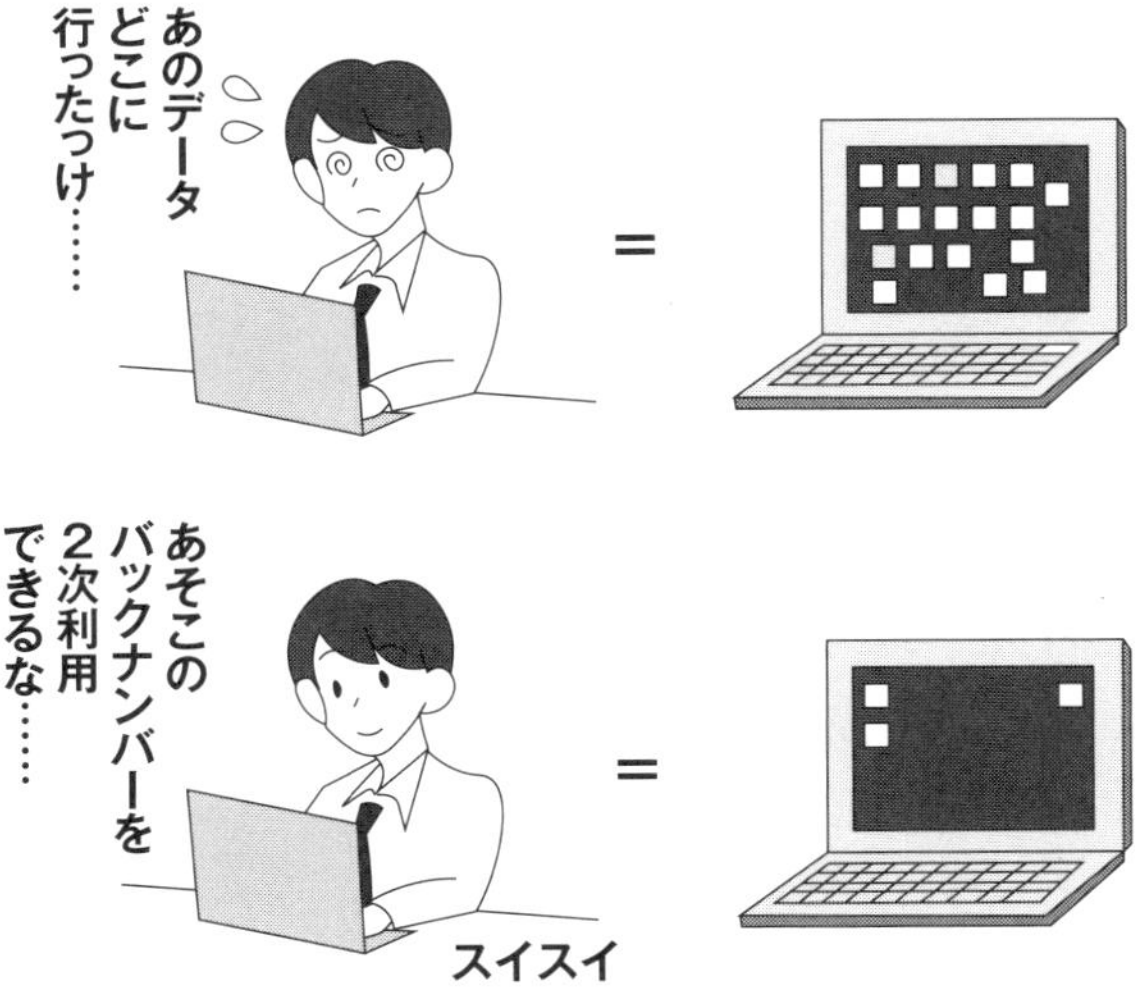

○3カ月に1度、情報の環境整備!

tips 30

部下の仕事を一緒に行いながら内容を確認 1人しか知らない業務はみんなで共有

四国・中国・九州でビジネスホテルを展開している株式会社川六の熊本統括支配人の中嶋さんは、部下の勤務状況を見て、時間を考えないダラダラ業務でムダな時間が大量に発生していることに気づきます。

それぞれの業務のどこにムダが出ているのか、どこに作業のムリが発生しているのかを洗い出すために、中嶋さんは**1人ひとりの仕事を一緒に行いながら確認**しました。中嶋さんが**疑問に思ったことはその場で部下に質問**、そこから、ムダな動き方がないかどうか、これは残業してまでやらなければならない仕事なのかを精査していきます。

また、**1人しか知らない業務は、他のスタッフにもその業務を教えて、誰もがシフトに入れる**ようにしました。全ての業務を確認したうえで、出勤シフトを効率的に組み合わせて、できる限り残業せずにすむ体制を整えました。

●実践者	中嶋祐也
●社名	株式会社川六
●業種	宿泊業（ビジネスホテル）
●部下数	24人
●仕事の内容	ビジネスホテルの支配人として受付カウンター業務や宿泊予約、施設メンテナンスや勤務シフトまで管理。

一緒に動いてムダ・ムラを確認

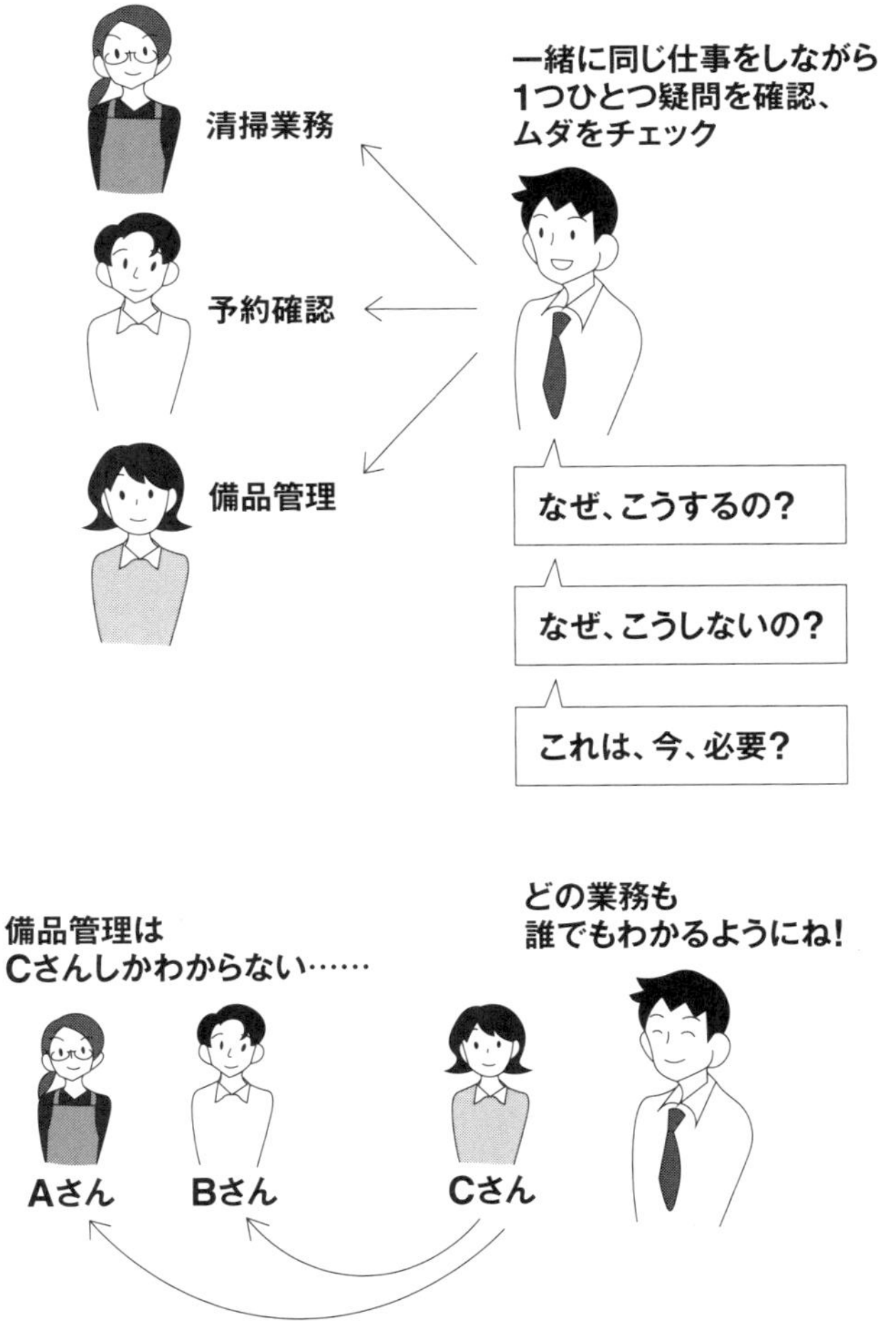

◯やり方を共有する

tips **31**

日報に現場以外の仕事内容を記入させ隙間時間への意識を変化

1日に何時間、何の仕事をしているのか自分で把握しておらず、仕事に合わせてどんどん残業の量が増えている状況だった株式会社ダスキン山口の課長・重村さん。長時間残業の改善に取り組み始めた当初は、「仕事の量が減るわけではないから、残業時間が変わるわけがない」と、チーム内の誰もが思っていたといいます。しかし、時間の使い方を意識することで、1人ひとりの行動が変わっていきました。

その行動に変化をもたらした取り組みの1つが、**日報に現場作業以外の仕事内容を記入するようにした**こと。**現場と現場の隙間時間に何をしたかについても、日報で報告**させた。それにより、今までは漫然と使っていた隙間時間も、貴重な勤務時間だとの意識が芽生え、**隙間時間でやれる作業を自然とこなす**ようになっていきました。無意識のうちに浪費していた時間のムダ・ムラをなくすことに成功しました。

●実践者　重村千晶
●社名　株式会社ダスキン山口
●業種　クリーンサービス
●部下数　7人
●仕事の内容　クリーンサービスを提供する同社にて課長として清掃部門をマネジメントしている。

日報で現場以外の仕事も報告

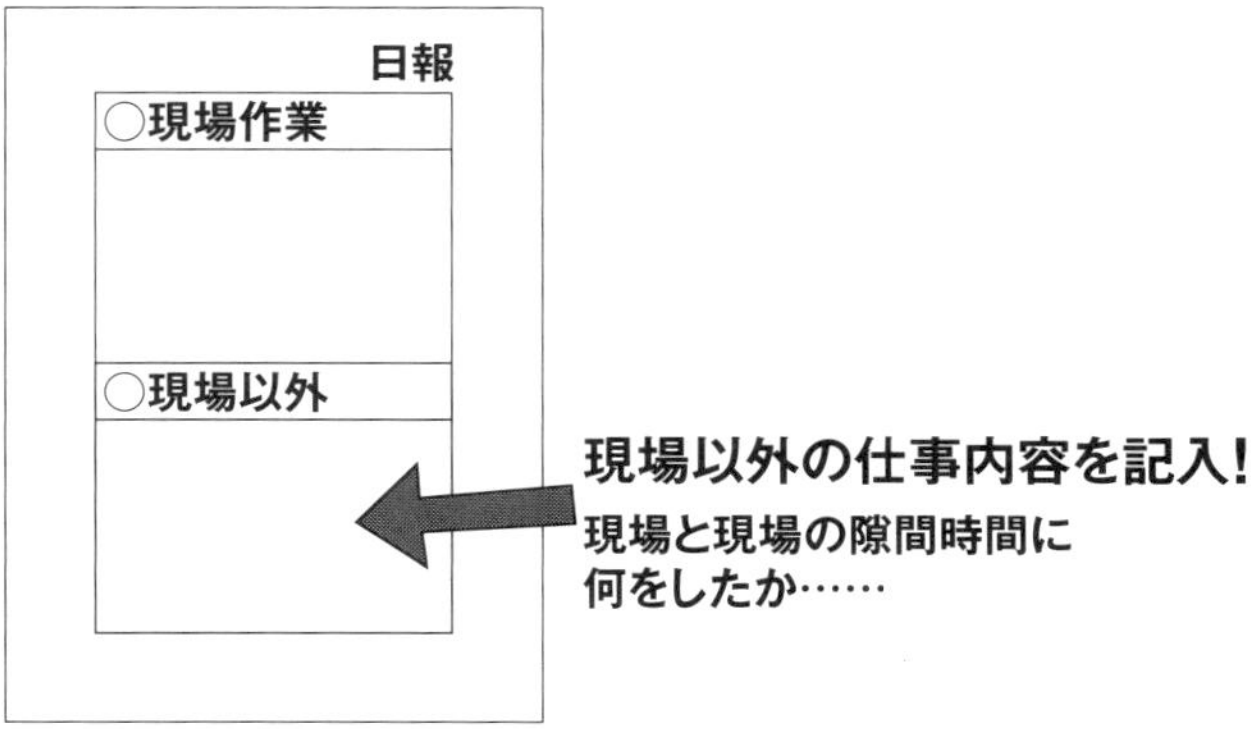
日報
◯現場作業
◯現場以外
現場以外の仕事内容を記入!
現場と現場の隙間時間に
何をしたか……

以前は……

ちょっと
一息……

今では……

商品発注の
確認をして
おこう……

業務時間という意識

tips
32
椅子やラック、ムダな机を廃止
こまめなレイアウト変更で動線を改善

株式会社ぱそこん倶楽部で出荷センターのリーダーでチームをマネジメントしている宇都宮さんは、**フットワーク改善のために率先して自分の椅子を廃止**しました。すると、椅子に座っていた頃の作業に比べて、はるかにスピードが上がったそうです。さらには作業の動線を改善するために、**こまめにレイアウトを変更して、ムダな机やラックなども廃止、動きのムダをさらに少なく**した。

かつての宇都宮さんは、自分で仕事の内容を100点にしなければと思い込んで毎日のように残業していたが、効率化を進めて生産性が上がり、**実は100点を出すことが重要ではなく80点ぐらいで早く行動することが重要**だと気づいたそうです。

そして、宇都宮さんが80点行動を実践することで部下への「ものさし」も変化。部下にも達成しやすい「80点」業務を多くこなさせ、「〝考〟より〝行〟」を徹底、達成感が高まり部署内の雰囲気も明るくなりました。

●実践者	宇都宮和貴
●社名	株式会社ぱそこん倶楽部
●業種	小売業
●部下数	5人
●仕事の内容	パソコン関連機器の整備・販売を行う同社にて、リーダーとして販売の現場をマネジメントしている。

こまめなレイアウト変更で動線改善

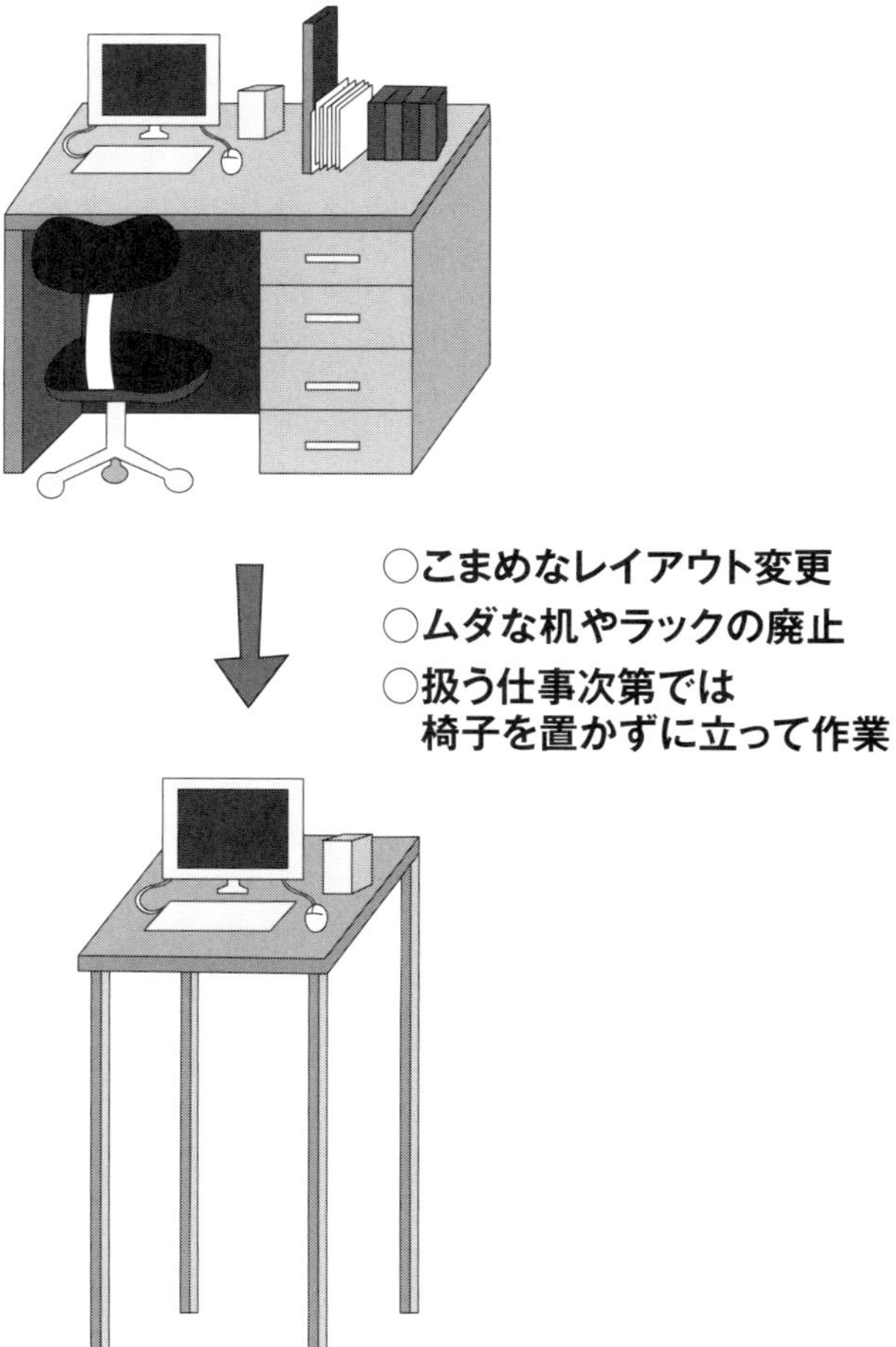
◯こまめなレイアウト変更
◯ムダな机やラックの廃止
◯扱う仕事次第では
椅子を置かずに立って作業

tips 33

内勤の人もタブレットを活用 2画面表示で作業効率アップ

今のタブレット端末は本当に便利です。情報共有のツールとしてだけでなく、各社、さまざまな使い方で業務の効率化に活用しています。

株式会社キンキゴムは、**パートも含めて全従業員にタブレット端末を支給**しました。営業が出先から日報報告などを入力するのはもちろんのこと、内勤の人にも、このタブレット端末の活用を促しています。営業サポート課では、**それまで紙ベースで保管していた顧客情報をタブレットに表示させ、受発注入力用のPCとの2画面で作業を進める**ことで効率がアップ。さらに**入力ミスを防ぐチェックリスト表示にもタブレットを活用**しました。

また、営業や内勤も含め、全員が「チャットワーク」を活用し、**簡単な会話はチャット上ですませる**ように。パートも含めて全員が使えるようにして、社内の仕事の流れを大きく改善させることに成功しました。

●実践者	武馬寛
●社名	株式会社キンキゴム
●業種	商社
●部下数	7人
●仕事の内容	工業用ゴム・プラスチック・金属の販売と製造管理を行う同社の部長として、営業部を管理統括している。

内勤も含め全員でタブレット端末を活用

step4
「縦割り」「個人プレー」を壊す

step4 「縦割り」「個人プレー」を壊す

情報の共有によってスムーズに仕事を流し現場を横断的につないで業務効率を改善

デジタル戦略による情報共有システムが勝敗を決める

ムダやムラが多く発生している会社の特徴の1つとして「縦割り」「個人プレーの多さ」が挙げられます。こういう組織は、個人の瞬発力で短期的に結果を出すことができても、チームとしては非常に脆《もろ》い。安定した持続的な成長は期待できません。

また、情報が個々で閉じられて、実は業務にムダやムラが発生しています。当たり前です。他人は全員ライバルであれば、誰も相手に自分の手の内など見せようとは思わないでしょう。

しかし、そのままではムダやムラの中で個人のストレスも溜まるばかり。会社の最大の武器である「人材」がムダに疲弊していくだけです。

私は、チームの勝ちが評価される仕組みを徹底しています。お互いの手の内を見せ合いながら、補い合って最終的にチームで勝っていく。あるいは、チームを横断してつながる仕組みも多数用意していることはプロローグで述べた通りです。

横断的な情報の流れをよくする仕組みとして、アナログ面は直属でない上司とのサシ飲みや各種勉強会など、人と人との直接的なコミュニケーションの場作りが大切である一方、**デジタル戦略による効率的な情報共有システムの構築は不可欠**でしょう。

今の時代、**ITをいかに効率的に取り入れていくかが、組織の勝敗を左右する**と言っても過言ではありません。

IT投資をケチってはいけないと、私は多くの企業経営者や管理職にくり返し伝えています。ちょっとした出費をケチって十分な効果が発揮できなければ、中途半場な結果に終わり、全てがムダになってしまいます。

機器を導入するなら、できるだけ最新のものを。そして、モバイルを支給する時には、社員だけ、などと現場の人間を区別せず、パートもアルバイトも全てに支給。プライベートでの利用ももちろん認める。**みんなが心地よくツールを使いこなせるよう、巧みなマネジメントが必要**です。

ＩＴを使いこなすのは人間です。人をマネジメントする立場の人には、人の気持ちがわかってもらいたいものです。

クラウド型ビジネスチャットツールを活用して連携

今は手軽に使えるＩＴツールが巷に多数溢れています。どれも、導入にそれほどコストがかかるものではありません。無料で使えるアプリやツールも多数あります。

私が社内の**コミュニケーションツールとして活用しているのがクラウド型のビジネスチャットツール「チャットワーク」**です。武蔵野の経営サポート会員である株式会社関通（総合物流）が、このツールを導入したことで業務効率が大きく改善されたと聞いて、導入を決めました。

実際、社内外の人たちと密な連絡を取り合うのに非常に便利なだけでなく、タスクごとの案件管理に適しています。完了したタスク、未完了のタスクなどが一目でわかるだけでなく、そうした情報を必要なメンバー全員で共有でき、情報が双方向につながり、連携プレーも容易に。

iPadを私用でも散々使い慣れておけば、こうしたツールを新たに使い始めても誰もが

自然と日常的に使いこなします。そのためにも、「プライベートでの利用は禁止」などとケチなことを言わず、パートやアルバイトも含めて全員に、会社支給のモバイルを使い倒してもらうことです。

活用がスムーズにいかない時は、現場の声を

それでも、ＩＴ導入後、どうもうまく活用できないケースもあるでしょう。活用していない。あるいは、ネガティブな反応が出ている。そんな時は、管理職の手腕が問われます。**いかに優れもののツールも機械も、現場が使えなければただのゴミ**。まずは**新人と中堅、それぞれの人たちに、うまく扱えない理由を聞く**ことです。その声にしっかりと耳を傾ける。そして、その**原因を取り除くための予算や手間を惜しまない**ことです。なぜなら、**そこに業務効率改善のヒントが隠されている**からです。

真実は現場にしかありません。現場にもっとも近いのが中間管理職の皆さんです。チームの勝敗のカギは、皆さんの手の中にあります。

tips
34
オンタイムのWeb会議で連携 想定外の連携に発展することも

全国の営業所の担当者に一斉に連絡を取り、それぞれのレスポンスをみんなで共有する、といったやりとりをする場合、ccを多用したメールでやりとりをすると、非常にロスが多くなります。5名同時に送信しても、すぐにレスポンスが来る人もいれば、レスポンスが来ない人もいる。見たが返信に手間取っているのか、あるいはまだ見ていないのかがわかりません。

株式会社KOKADOでは、Ｗｅｂ会議システムの環境を整えたことで、この流れを劇的に改善させました。**Web上でコミュニケーションができ、仕事を溜めることなくスムーズに一斉につながる**。Ｗｅｂカメラで顔を見ながら肉声で話せ、異なる営業所の人など、普段あまり会わない人との関係も深まります。

つながりが深まることで、思いがけないところで連携の可能性が広がるなど、業務が飛躍的に効率アップすることも。「スカイプ」や「チャットワーク」など無料で使えるツールも色々あります。

●実践者	松田佑介
●社名	株式会社KOKADO
●業種	エンターテインメント
●部下数	12人
●仕事の内容	話題のシステムを早期に導入して社内システムを構築する業務をメインに、経理や総務でも給与関連の手続きを管理。

Web会議で重層的にリアルタイムでつながる

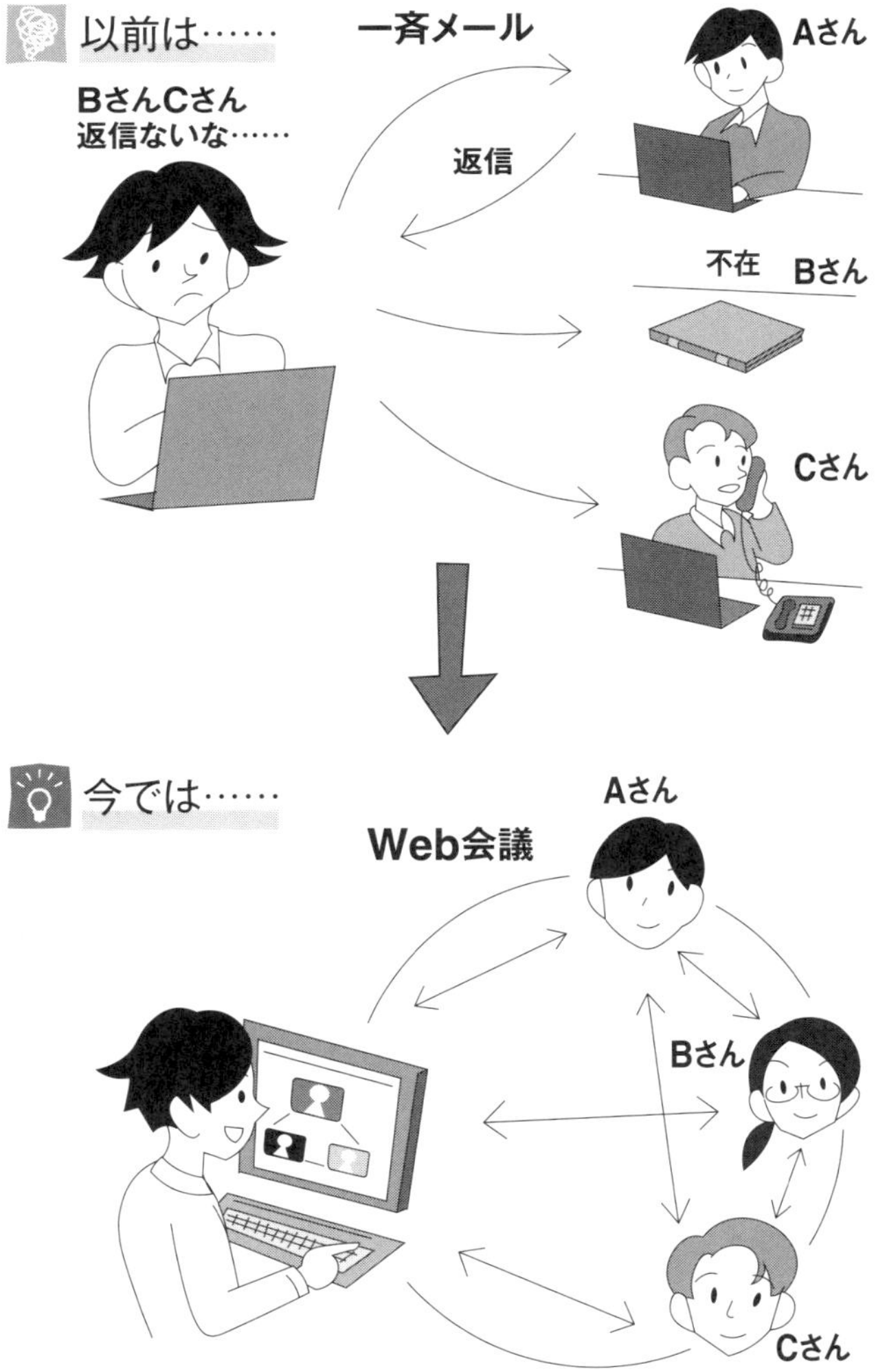

tips
35

チャットワークで集中力を継続 電話はよほどの時だけにする

何か確認したいことがあると、すぐにパッと電話に手を伸ばしがちですが、**電話は、自分だけでなく相手の時間も奪うことになってしまいます**。電話で作業が中断されると集中力が途切れます。一度途切れた集中力は、電話が終わって瞬時に戻るわけではなく、再び高めていくのには時間がかかります。

電話のたびに時間が奪われるだけでなく集中力も奪われる。しかも、かける方より受ける側の方がタイミングも何も関係なく分断されるので、大きなロスですね。

そこでヤマヒロ株式会社が導入したのがクラウドコミュニケーションツールの「チャットワーク」でした。これならば、**相手の時間を奪うことなく、いつでも連絡を入れることができます**。「タスク管理」機能もあるので、**会話の中で生じた「やるべきこと」をタスクとして管理、作業を効率化し集中力を持続させる**ことができ、集中力が分断されることによって生じるロスもなくなりました。

●実践者	伊藤将人
●社名	ヤマヒロ株式会社
●業種	小売・サービス業
●部下数	12人
●仕事の内容	GS10店舗のスーパーバイザーと全拠点（34店）のガソリン価格・管理・マーケットを把握して指示する。

電話に奪われていた集中力をチャットワークで持続

かつて

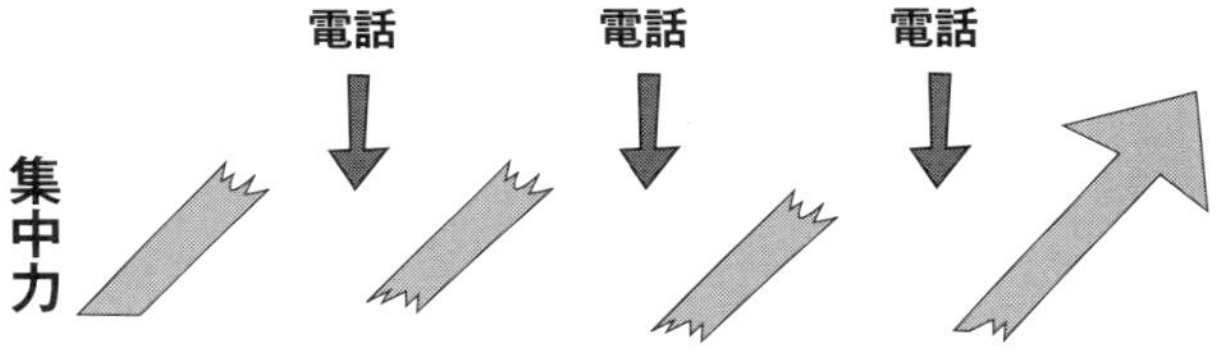

電話のたびにとぎれる集中力……

チャットワーク導入後

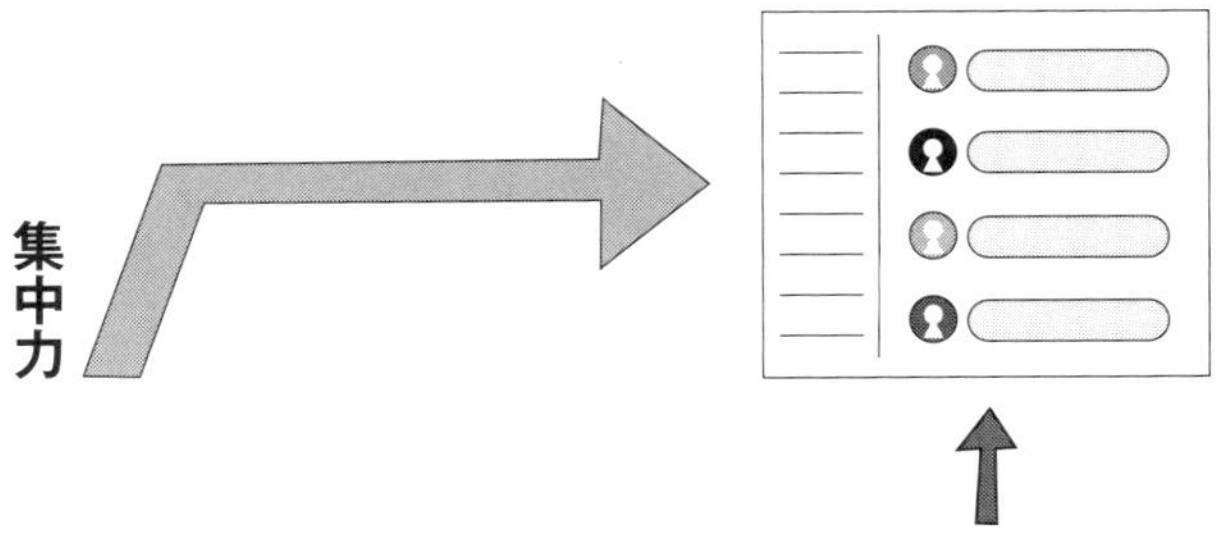

区切りがついたところで
チャットワークを確認

tips 36

本社の壁一面をボード化し部署ごとの情報を無意識に共有

いくらサーバ上でデータを共有できるシステムを作っても、各自がそのフォルダを意識して見に行くことが必要です。もちろん情報共有のシステムは非常に大切ですが、それと同時に、アナログな情報共有の空間も重要です。

株式会社KOKADOの場合、それが**本社の壁一面のホワイトボード化**でした。とてもアナログですが、**壁一面であれば意識しなくても自然に目の中に情報が入ってきます**。

部署ごとにスペースを分けて使うことで、必要な掲示物や連絡事項をすぐに確認できるようになっているのがいい。自分の部署の情報が一目でわかるだけでなく、他の部署のスペースも並んでいて、**他の部署がどういう動きをしているのかが自然に目に入ってきます**。そのため、部署を超えた連絡事項のやりとりもスムーズになります。**何でもかんでもデジタル一辺倒にするものではなく、デジタルとアナログ、その両輪での情報共有が大切**です。

●実践者	松田佑介
●社名	株式会社KOKADO
●業種	エンターテインメント
●部下数	12人
●仕事の内容	話題のシステムを早期に導入して社内システムを構築する業務をメインに、経理や総務でも給与関連の手続きを管理。

本社の壁一面をボード化して無意識のうちに情報共有

◯社内のみんなの視界に無意識のうちに入る!
（クラウド上だと意識して見にいくことが必要）
◯部署ごとのスペースを分けることで、
他部署の状況も一目でわかる
◯連絡事項のやりとりもスムーズに!

tips 37

業務の完了・未完了を共有のツールで常にチェック

複数の案件を抱えている場合、優先順位をつけて進行させますが、後回しにしていたものをうっかり忘れていたり、間に合いそうにない案件を抱え込んでいたりする場合もあります。そういう事態に陥る前に、部下の進捗状況を把握しフォローすることが、管理職の果たすべき役割です。

郡中丸木株式会社の店長・佐久間さんが活用したのはクラウド型のツール「チャットワーク」。これは**タスクごとの案件管理に適したツール**で、**それぞれの業務ごとにタスクを立ち上げ、完了・未完了をチェックするのに活用**しました。これにより**未完のタスクを多く抱えている人が一目でわかり、業務が滞ってしまう前にすかさずフォローできるように**。本人が後回しにしている理由などを確認し、必要があれば他の人に割り振るなどの対応策が取れます。効率的に回っていない会社は、大抵、本人任せで、上司も思いつきで進捗を確認するばかり。そんなことでは改善すべき点も見えず、生産性は低いままです。

●実践者	佐久間広子
●社名	郡中丸木株式会社
●業種	建設･不動産業
●部下数	4人
●仕事の内容	アパマンショップという不動産賃貸のFC加盟店に店長として勤務。賃貸住宅の仲介を行う。

チャットワークのタスクの未完了を常にチェックする

チャットワークのアプリを利用

	タスク	担当	完了
①	○○○○○	A	☑
②	○○○○○	A	☑
③	○○○○○	B	□
④	○○○○○	C	☑
⑤	○○○○○	B	□
⑥	○○○○○	C	☑

完了・未完了をタスクごとにチェック

かつては……

tips 38

iPadの導入で打ち合わせしながら見積もり作成

株式会社マキノ祭典は東京都内に展開する老舗の葬儀社です。老舗ならではの安定感がある一方、アナログ時代のやり方からいかに脱皮していくかが重要な課題で、取締役の小林さんはこれに果敢に取り組みました。

これまでは訪問してお客さまと打ち合わせ後、帰社して見積もりを作成、改めて訪問して見積書を渡し、帰社してから発注書を作成……と往復を繰り返す必要がありましたが、iPadを導入することで仕事の流れが劇的に改善します。

打ち合わせをしながらiPadで内容を表示して見積書を作成。**訂正箇所があれば即座にその場で対応**できます。モバイルプリンターを持参し、見積書の出力もその場でできるようになりました。

事業者への発注作業もiPadから直接ファックスでき、いつでもどこでも効率よく仕事ができて、一気に業務効率が改善。休日出勤が当たり前の業界では異例なほど、休日出勤の激減を実現したそうです。

●実践者	小林幾人
●社名	株式会社マキノ祭典
●業種	葬儀業
●部下数	10人
●仕事の内容	葬儀の施行から、香典返しやお墓まで、供養事業全般を行う葬儀社の取締役として販売業務を取りまとめる。

iPad持参で、
打ち合わせから見積り書作成まで一気に処理

以前は……

①訪問して
打ち合わせ

②帰社して
見積もり作成

③再度訪問

今では……

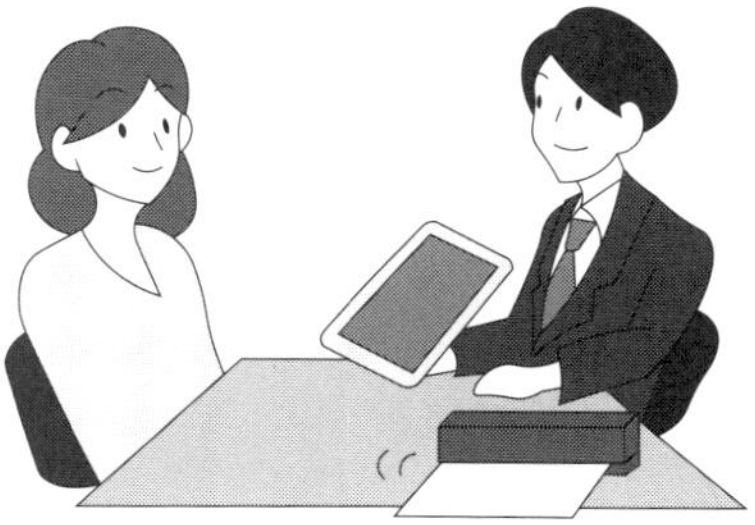

↑モバイルプリンター持参で
出力もその場で!

○iPadを導入し、打ち合わせしながら見積もり作成!
○訂正もその場で対応!

tips
39

マニュアルやチェックリストを整備し ダブル・トリプルキャストを可能に

情報の共有がうまくいっていない職場は、誰かが急に休むと、その人がやっていた仕事の穴埋めができません。その人が出社してからの確認では、仕事の流れが止まり、業務はどんどん遅れます。仕事において、その人しかできない、わからない状況をつくるべきではありません。

株式会社キンキゴムは、営業サポート課や経理・総務課のチームで、**それぞれの仕事のマニュアルやチェックリストの整備**を進めました。それにより、**ダブルキャスト、トリプルキャストが可能**になったといいます。

Aさんが急な病気で休んでも、BさんやCさんが十分に穴埋め可能。**どの仕事においても、誰でも穴埋めをできる状態**が、流れを滞らせることなく高い生産性を保つコツです。そのためにも、**ルーティンになっている仕事こそ、時折担当を入れ替える**工夫も必要でしょう。

●実践者	武馬寛
●社名	株式会社キンキゴム
●業種	商社
●部下数	7人
●仕事の内容	工業用ゴム・プラスチック・金属の販売と製造管理を行う同社の部長として、営業部を管理統括している。

仕事のマニュアル整備でトリプルキャストも!

以前は……

仕事がストップ

今では……

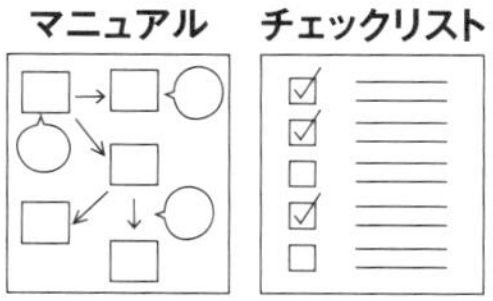

○ダブルキャスト・トリプルキャストで安心!

tips 40

電話頼みの非効率な作業をiPad&インカムで解決

四国・中国・九州でビジネスホテルを展開してる株式会社川六。フロント業務を担いつつＩＴ推進を任されている宝田さんは、電話やファックスに頼りすぎて、非効率な作業時間が残業につながっていることに着目します。

実際、清掃スタッフとの連絡に内線電話を多用したり、お客さまの予約の確認に電話を使うこともしょっちゅう。ネットで入ってきた予約の確認に改めて予約ファックスと照合するなど、非効率な作業が多かったといいます。

そこで、宝田さんは一気にＩＴ化を進めました。iPadで動く「室内清掃管理システム」を開発し、**清掃スタッフと在室状況や清掃状況をリアルタイムで共有できる環境**を整えました。それ以外の細かい連絡は「インカム」を導入して対応。**インカムは、いちいち内線電話に手を伸ばして作業を止めることなく、手を動かしながら適宜連絡を取り合うことができます**。これによりムダな作業を大幅にカット、残業減に成功しました。

●実践者	宝田拓也
●社名	株式会社川六
●業種	宿泊業（ビジネスホテル）
●部下数	5人
●仕事の内容	ビジネスホテルを運営している同社において、フロント業務と兼務でIT推進を担っている。

スタッフ連絡はインカムでスピーディに

以前は……

スタッフの連絡に内線電話を多用

今では……

tips
41
お客さまへの予約確認もSMSにし、ペーパレスに記録を残し効率化

今は、ＩＴの活用により、紙ベースで行っていた業務のスリム化が進んでいます。誰もが手軽に使えるツールとして、そのハードルはどんどん下がっています。未だに紙ベースにこだわり続けているところは、経費も時間も大量にムダ使いしていると肝に銘じるべきだと思います。

前出の株式会社川六の宝田さんの職場でも、２年前まではアナログ管理が主流でした。お客さまのネットからの予約も、わざわざファックスで照合していたほど。そこで、一気に予約システムの簡略化を進めます。

まず、**紙を使ったファックスから電子帳票に切り替え、紙ベースでの管理を取りやめました**。また、予約確認も予約サイトのコントローラ情報をディスプレイ上で確認、**お客さまへの連絡はSMS（ショートメッセージサービス）に**。連絡はスムーズ、業務も効率化。さらに、お客さまから「電話は出られなくてもＳＭＳならば内容がわかるからよい」と評判が上がりました。

●実践者	宝田拓也
●社名	株式会社川六
●業種	宿泊業（ビジネスホテル）
●部下数	5人
●仕事の内容	ビジネスホテルを運営している同社において、フロント業務と兼務でIT推進を担っている。

WebとSMSで作業も効率化

以前は……

予約確認はファックス頼み!

紙ベース管理

今では……

予約確認は予約サイトの
コントローラー画面上で

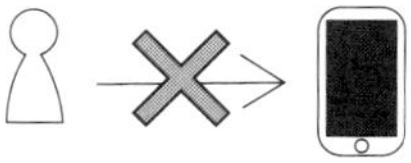

電話をやめて……

お客様への予約確認はSMSで!
(fon fun SMS、238ページ)

○データ上に記録も残り、ペーパーレスで効率化!

tips 42

現場環境を全て統一することで柔軟で効率的な人員配置が可能に

ちょっとした工夫で、誰もが使いやすく、難しい知識や技術が不要になることは少なくありません。身近には、ファックスの送信番号の登録であったり、よく使うフォーマットの登録であったり。

その設定の際の若干の時間と手間を厭わなければ先々の作業が楽になり、誰もが扱えるようになり結果として生産性が上がります。

建設会社の小田島組も、その**一手間をかけることで、その後の人員配置の柔軟性をぐっと高める**ことにつなげました。それが、**現場事務所環境の統一**です。これまでは、現場事務所が移動になると機器を使用するためのパソコン設定をその都度行っていましたが、**全ての現場のＰＣの環境を統一することで、誰が行ってもすぐに使用できるような環境を整えました**。

これによって、短いスパンで柔軟に人員を移動でき、**作業量に合わせて効率的に人を配置**することが可能になりました。

●実践者	高橋裕司
●社名	株式会社小田島組
●業種	建設業
●部下数	7人
●仕事の内容	道路工事や防潮堤工事などの公共工事やIT関連事業を展開する同社にて、工務部長として現場を取り仕切る。

全現場のフォーマットを統一!

以前は……

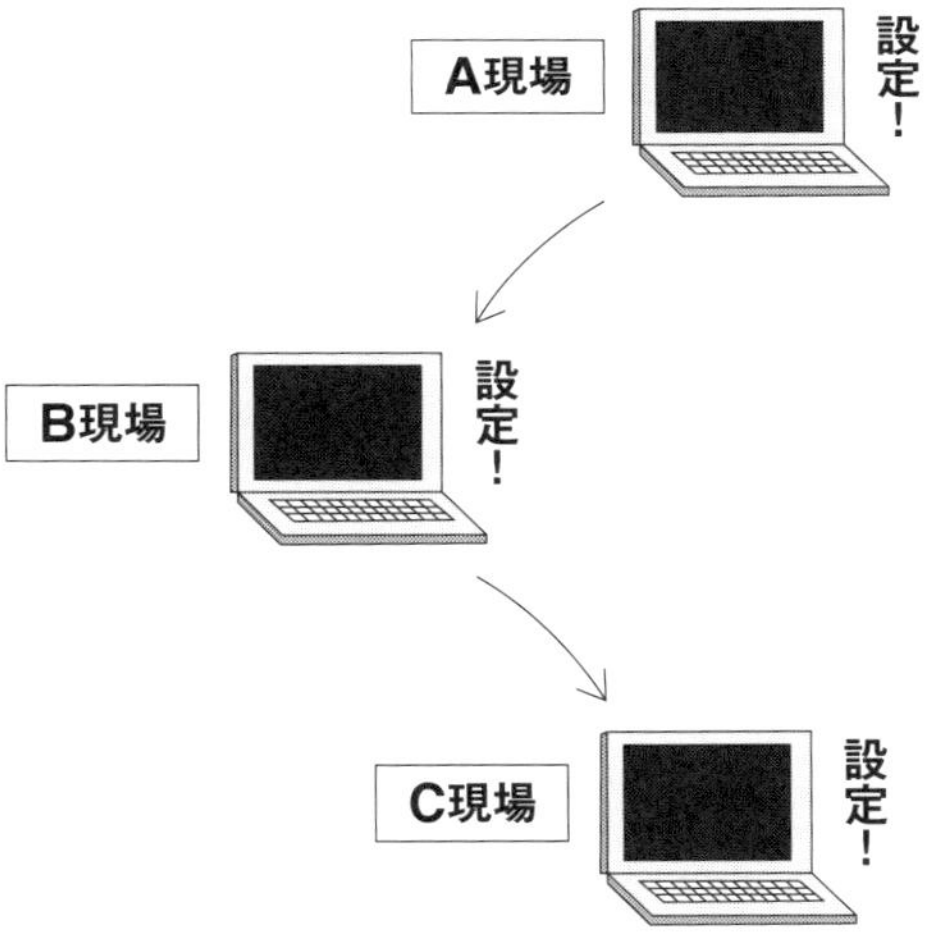

今では……

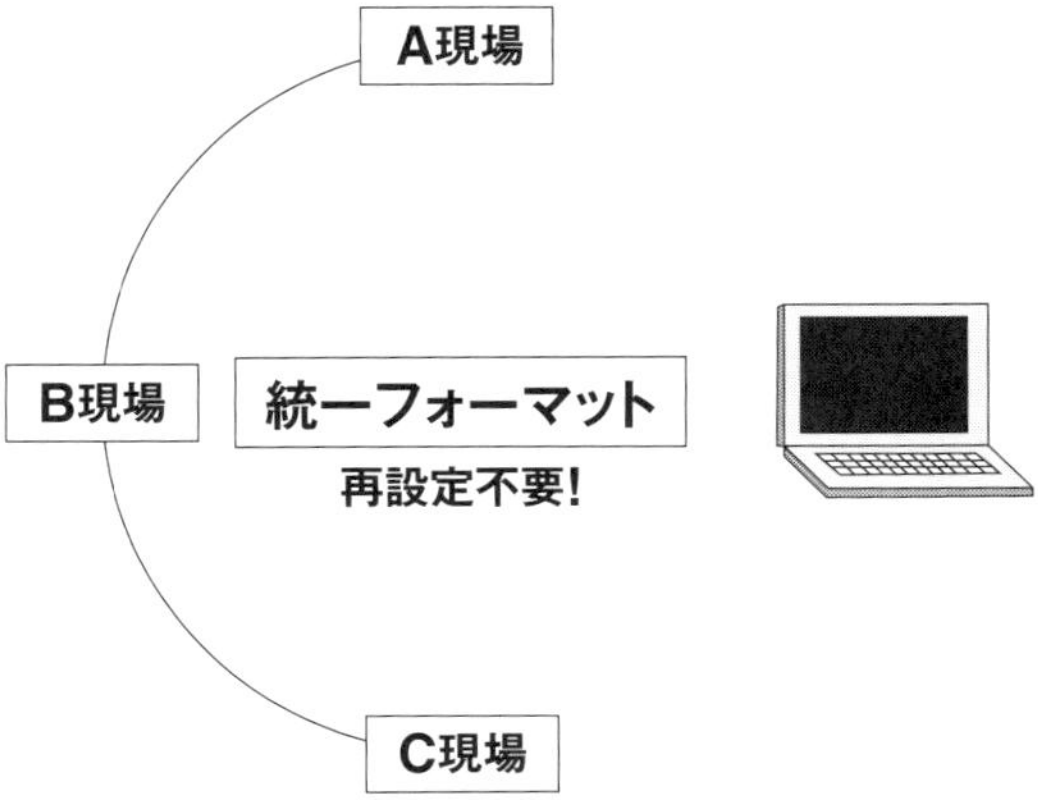

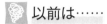

tips 43

その日に提出した日報は社長の指示コメント付きで翌朝配信

日報のオンライン提出のシステムが整っている会社も、今や少なくないでしょう。そのスピード感を利用しつつ、情報の共有をさらに進化させたのが小田島組です。全社員は支給されたiPadで日報を提出。すると、その**日報は翌朝、メールにて社員に再配信**されます。しかも、**前日に発生した問題や、懸案事項について、社長の改善の指示コメントがついている**ので、**朝礼前に改善策を上司と担当者が話し合う**ことができます。

紙媒体で提出し、後日回覧し……などとやっていた時代と比較すれば、そのスピード感の違いは一目瞭然です。

また、お客さまやお取り引き相手への感謝や、何らかの不満などが発生した場合は「ボイスメール」（242ページ）を活用して社員で共有するようになりました。「ボイスメール」は感情情報が伝わりやすいからです。急ぎの対応が必要な場合の情報共有を効率化して、仕事の流れを一気に改善することができました。

●実践者	高橋裕司
●社名	株式会社小田島組
●業種	建設業
●部下数	7人
●仕事の内容	道路工事や防潮堤工事などの公共工事やIT関連事業を展開する同社にて、工務部長として現場を取り仕切る。

社長コメント付きで翌朝配信

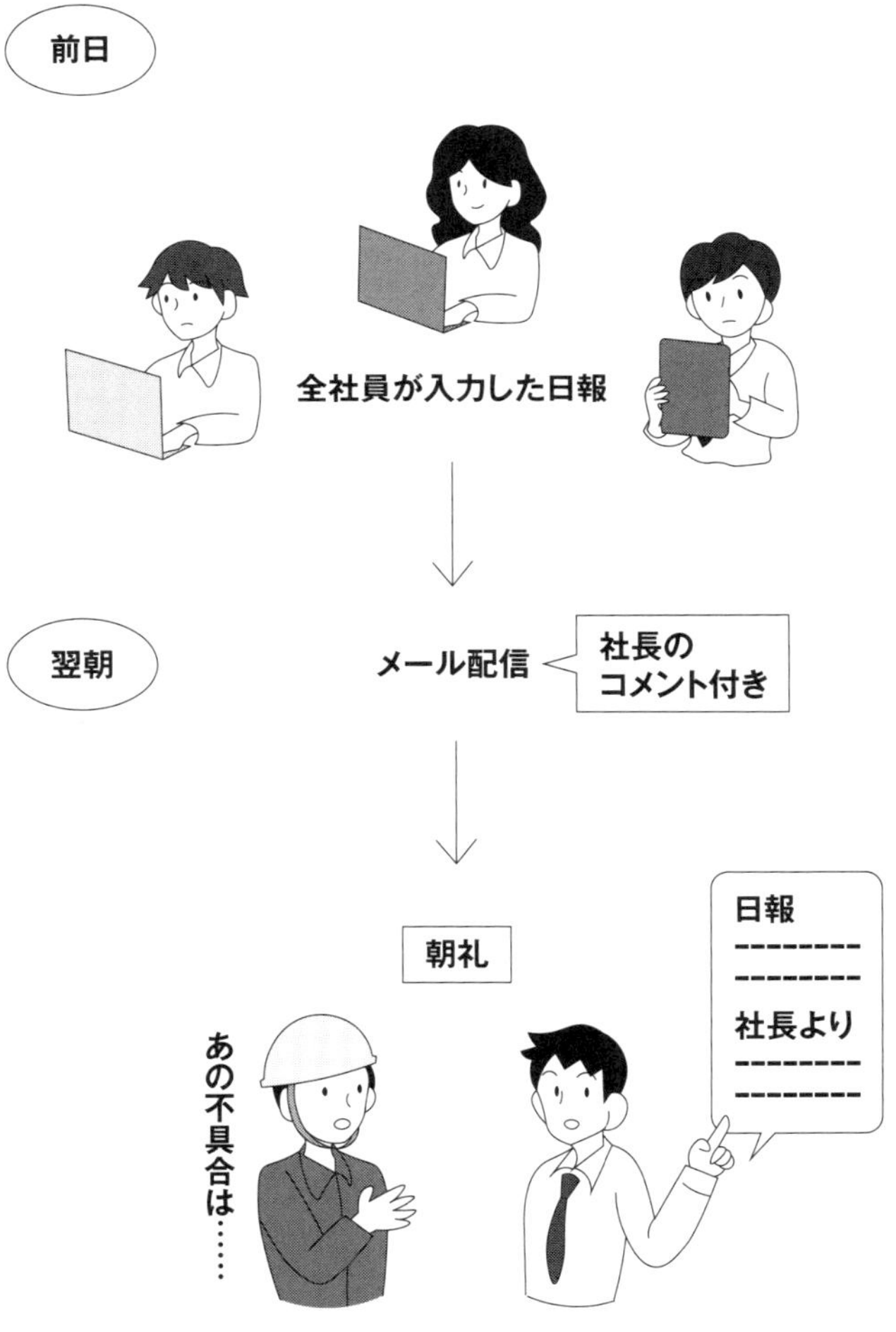

◯改善策を話し合い、スピード変革!

tips
44
短時間のパート勤務の人ともチャットワークで情報をスピード共有

今の組織は、正社員、契約社員、派遣社員、アルバイトやパートなど、まさしくダイバーシティ、多様性の中で働き方も細分化しています。フルタイムスタッフと、短時間のパート勤務のスタッフとでは、担える仕事量が違ってきてしまうのは当然です。それは仕方ないとして、問題はパート勤務に上手に仕事を振り分けられなければ、フルタイムの人、チームリーダー的存在の人のところに仕事が偏ってしまいがちな点。

株式会社ダスキン諏訪の課長・野田さんは、そんな状況を改善するために、**パート勤務の人たちとの情報共有に「チャットワーク」を導入**しました。スマートフォンからも簡単にアクセスできる「チャットワーク」は、パートスタッフにとっても便利なアプリです。**情報のスピード共有により、短時間勤務の人との連携もスムーズに**いくようになり、自分に偏りがちな負担をできる限り分散させることにつながりました。

●実践者	野田久美子
●社名	株式会社ダスキン諏訪
●業種	クリーンサービス
●部下数	7人
●仕事の内容	家庭用の掃除や家事代行サービス業務の課長として、現場スタッフのマネジメントを担う。

パートの人ともチャットワークで情報共有

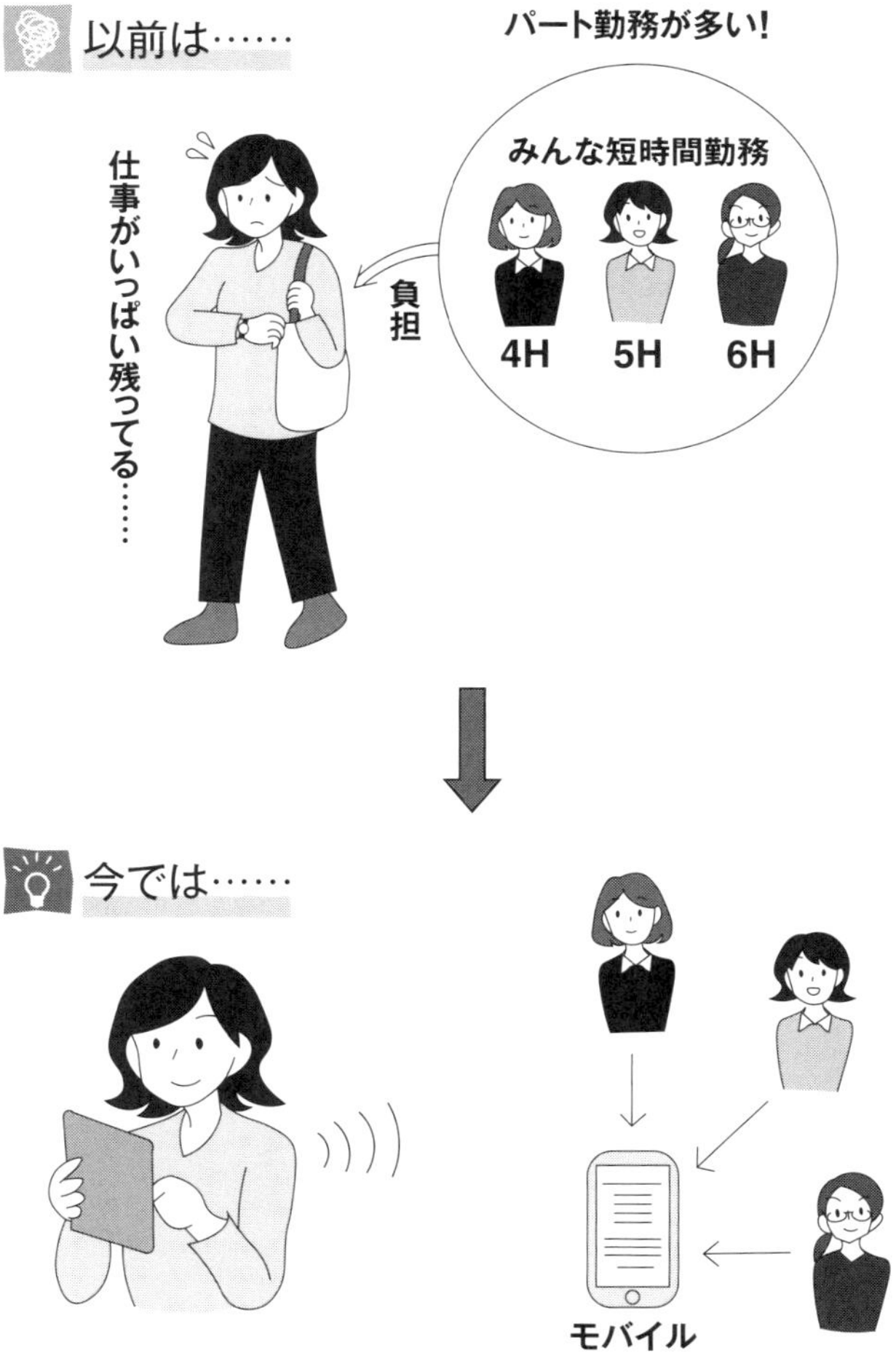

○チャットワークを使って情報をスピード共有

tips 45

売り切り商品や予備を常に携行し ルートセールスの途中で新規開拓も

日常的に回るルートセールスは、ルートを時折見直して、より効率的に組み直すことが大切です。また、回り方の工夫だけでなく、ルート上で何ができるかを考え、戦略を練ってみるのも大事なこと。

株式会社ダスキン諏訪で既存顧客のルートサービス担当の田中さんは、他のルートマンと相談してルートの見直しを行い、**ルートレンタルの途中で新規開拓も行う**ことにしました。ルート営業と新規開拓を分けるのではなく、どうせ移動するのならば、その途上に新規開拓すればいいと考えた。

同じ時間の中でより高い生産性を追求する意識が徹底したから出てきたアイディアですね。そこで、田中さんたちは**売り切り商品や予備を常に持ち歩く**ことにしました。これにより、フットワーク軽く新規開拓できる体制を整えた。移動時間を単なる移動にするか、新規開拓のチャンスに変えるかは、本人の意識次第です。

●実践者	田中脩
●社名	株式会社ダスキン諏訪
●業種	クリーンサービス
●部下数	5人
●仕事の内容	クリーンサービスを行う同社において既存顧客のルートサービスや事業所向け新規開拓を担う。

ルートを回りつつ新規開拓も

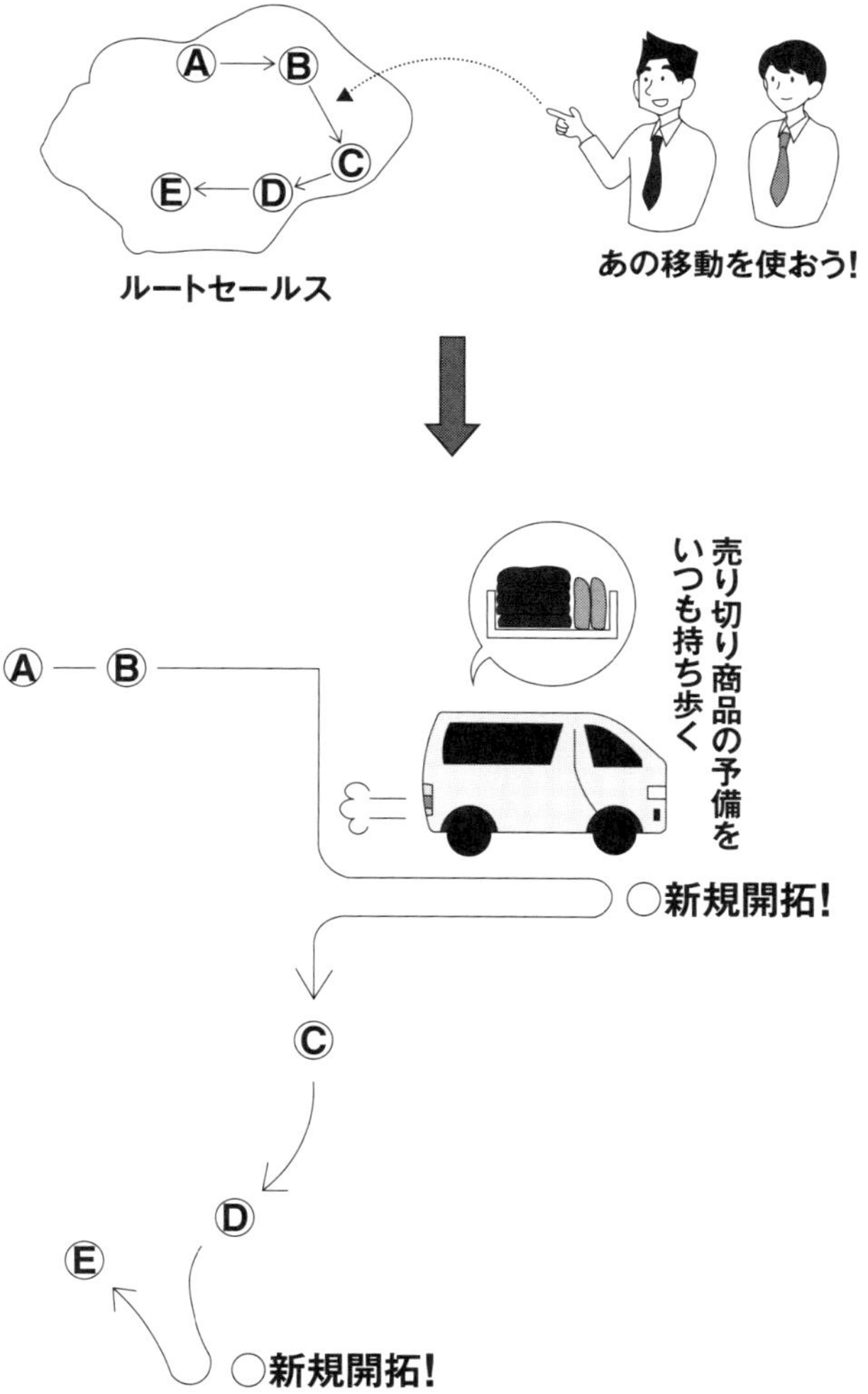

tips 46

お客さまとのアポのない週末に書類作成に集中、メリハリある進行に

ケーワンテック株式会社の専務取締役営業本部長・源川さんは、部下と2名で営業活動を行っており、常時複数の案件を抱えている状態です。日中はお客さまとの打ち合わせで外出が多く、夕方に帰社してから業務部や外部との調整を行い、提案書なども作成していたため、残業が常態化していました。「どうせ残業だ」という意識でいるため、仕事の進め方にメリハリがなかったそうです。

今は、退社時間を決め、時間を意識しながら仕事に集中。また、**週末はお客さまとのアポが基本的にないため、休日が土日とは決まっていない利点を生かし書類作成は週末の短時間に集中**させて、仕事にメリハリをつけました。**書類は週末の作成なので、お客さまには翌週の提出期限で了解してもらいます**。毎日平坦に同じリズムで仕事を回すのではなく、週全体の仕事のボリューム感に沿ってスケジュールを組み直して、同じ仕事量をこなしつつ、残業時間の大幅な削減に成功しました。

●実践者	源川英樹
●社名	ケーワンテック株式会社
●業種	ビルメンテナンス
●部下数	160人
●仕事の内容	ビルの窓ガラスや外壁などのメンテナンスを行う同社の専務取締役営業本部長として、営業を動かしている。

書類提出は週またぎで

以前は……

日中はお客さま訪問や
現場へ

夕方から作業日程調整や
書類作成

今では……

お客さま
書類は週明けに
提出させて
いただきます
アポのない
週末

◯集中して書類作成!

tips 47

全員がいつでもチェックできるようアナウンス事項は情報共有ツールにアップ

パソコンなどの業務用機器の整備や販売を行う株式会社ぱそこん倶楽部は、かつては給与明細も紙で手渡しと、紙による管理が基本でした。また、社内に情報を周知させる手段も紙の回覧とアナログな方法をとっていました。その結果、総務・経理を担当している課長の狩野さんには、それぞれの社員がバラバラのタイミングで内容について聞きに来る状態で、その対応に時間が取られていたといいます。

狩野さんは、これらの情報共有やフィードバックをもっと効率的にできないかと考え、情報共有ツールの環境を整備しました。そして、**全員にアナウンスが必要なものはそこに登録し、各自が自由に見られるようにした。**これにより、**情報の周知が容易になり、各自が好きな時にいつでも確認できる**ようになりました。

給与明細も紙による手渡しを廃止、各自がＷｅｂで確認できる仕組みを導入。アナログ管理によって発生していたムダな時間を削減することができました。

●実践者	狩野渉
●社名	株式会社ぱそこん倶楽部
●業種	小売業
●部下数	2人
●仕事の内容	パソコン関連機器の整備・販売を行う同社において、課長として総務全般と経理全般を担う。

紙の回覧から情報共有ツールへ切り替え

以前は……

バラバラの確認に対応

今では……

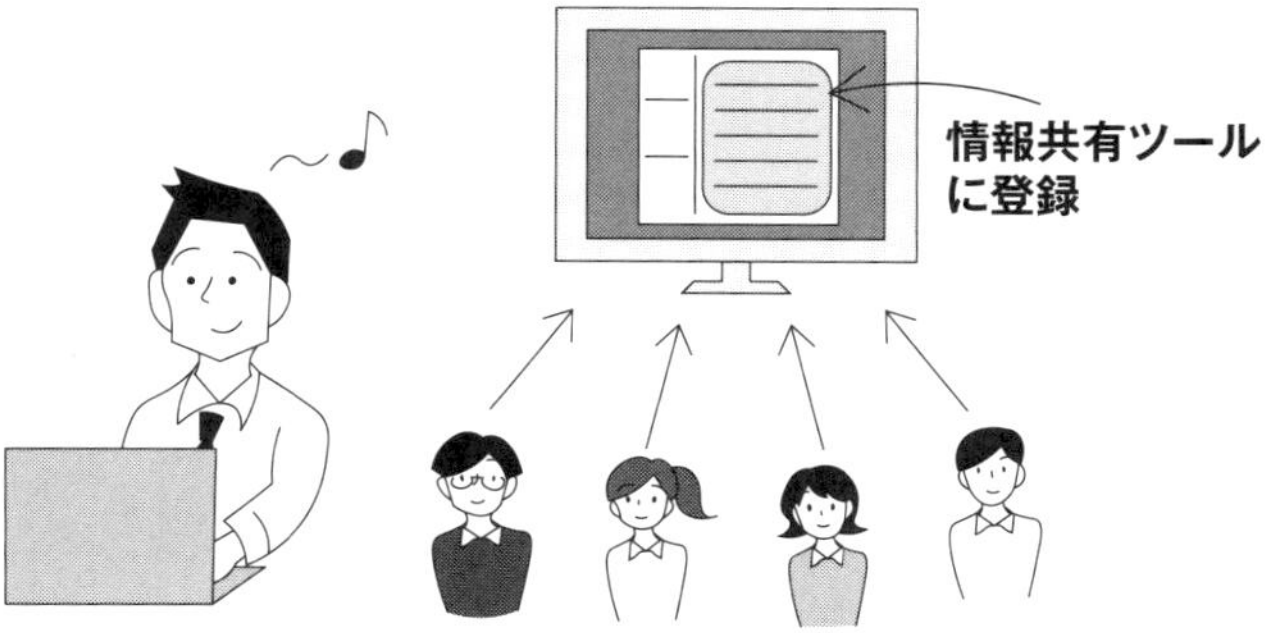

○各自がいつでも自由にチェック、
確認事項も補足を入れて共有

tips 48

メールをクラウドに置き換えることで対応の重複や対応もれを解消

今、社外の人とのやりとりの基本はメールでしょう。1対1だけでなく、複数の人間がかかわる案件は少なくありません。そのような案件の場合、メールの宛先は複数になり、受け取ったチームの人間が複数で対応したり、あるいはうっかりの対応もれがあったり、ムダやムラが発生していました。そのことを痛感していたのが、株式会社ぱそこん倶楽部の課長・塩野さん。

社内の複数の部下が一斉に受け取ったメールにバラバラと反応し、ムダな作業が発生している状況を改善すべく、**メーラーをクラウドに置き換える**ことを決断します。各自のPCで管理していたメールアカウントをクラウド上に置き換え、メールボックスを共有。1つのメールボックスを全員で共有するため、**対応が重複することも対応もれが生じてしまう心配もなくなりました**。また、クラウドなのでネットさえつながれば**外出先でもメール対応が可能**に。新しいツールを上手に取り入れることで、一気にムダやムラを解消したよい事例です。

●実践者	塩野泰広
●社名	株式会社ぱそこん倶楽部
●業種	小売業
●部下数	15人
●仕事の内容	パソコン関連機器の整備・販売を行う同社にて、課長として販売事業を担っている。

クラウドで1つのメールボックスを共有

以前は……

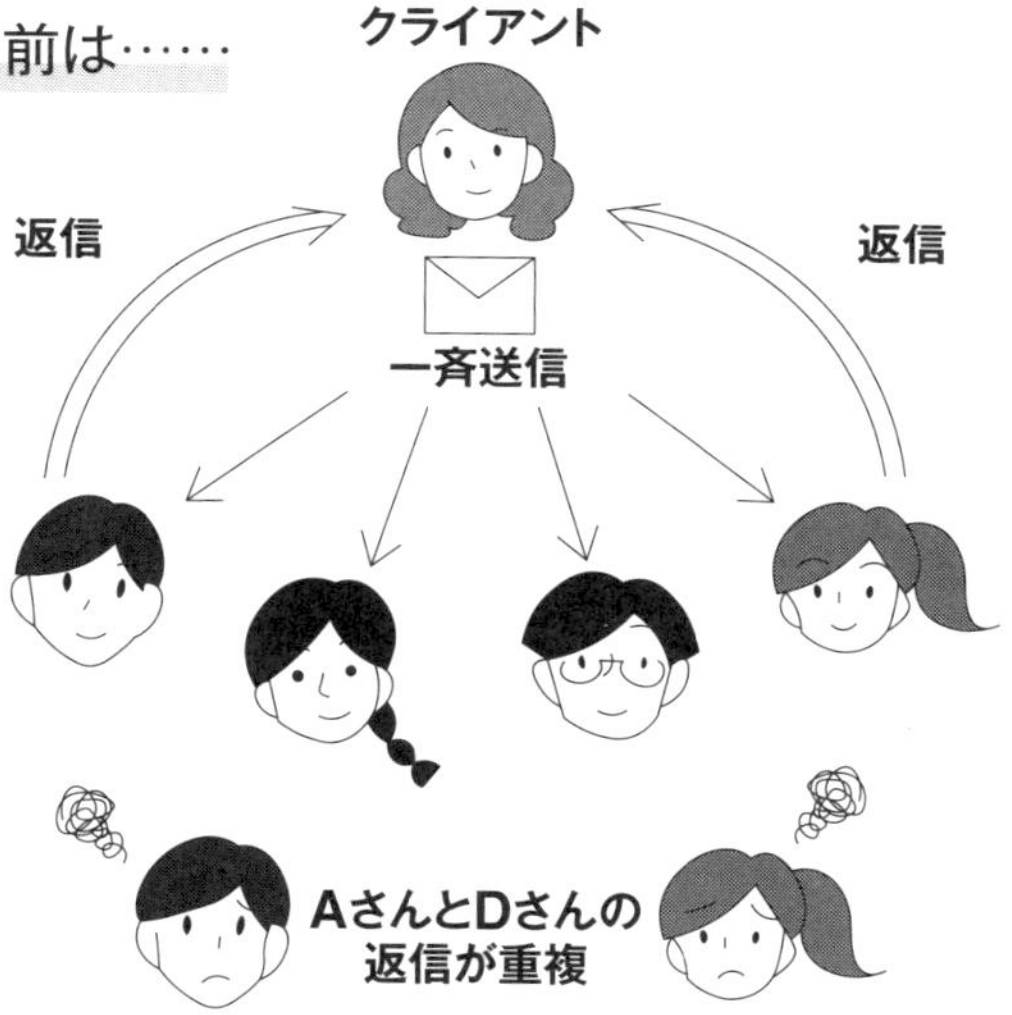

今では……

**○メーラーをクラウドに置き換え
全員で1つのメールボックスを共有**

tips 49

クラウド上のアプリを使用し、部下と同時進行で同じ書類を編集

資料の作成に、表計算ソフトや文字入力ソフトなど、自分のパソコンがオフラインの状態を前提にしたアプリを使っている人は少なくないでしょう。しかし、株式会社ぱそこん倶楽部の課長・塩野さんは、**クラウドを使用するアプリに切り替えて、部下との資料の共有を一気に効率化**しました。

作成した資料をメールに添付したり、共有のサーバにアップロードといった従来の方法は、自分のパソコン上のアプリで開いて編集し、再び送るといった流れになる。しかし、塩野さんが活用しているアプリは、**オンライン前提でクラウドを使用**するもの。**クラウド上に部下からの資料がアップロードされたら、すぐさまクラウド上のアプリで開き、部下と同時進行でクラウド上で編集**することも可能です。こうした機能を活用すれば、更新したはずの資料が先祖返りしたり、複数コピーされてどれが最新版かわからなくなったり……といったトラブルも防ぐことができます。

●実践者	塩野泰広
●社名	株式会社ぱそこん倶楽部
●業種	小売業
●部下数	15人
●仕事の内容	パソコン関連機器の整備・販売を行う同社にて、課長として販売事業を担っている。

クラウドアプリなら同時編集も可能

以前は……

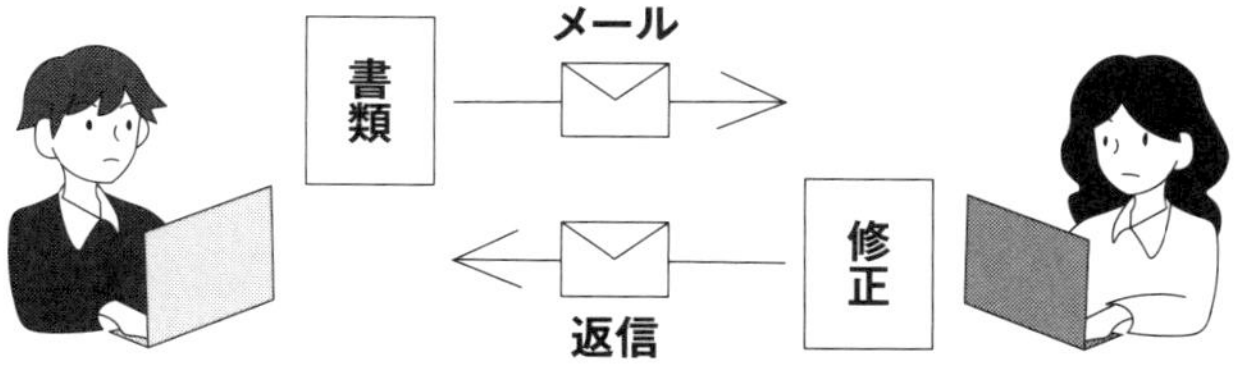

今では……

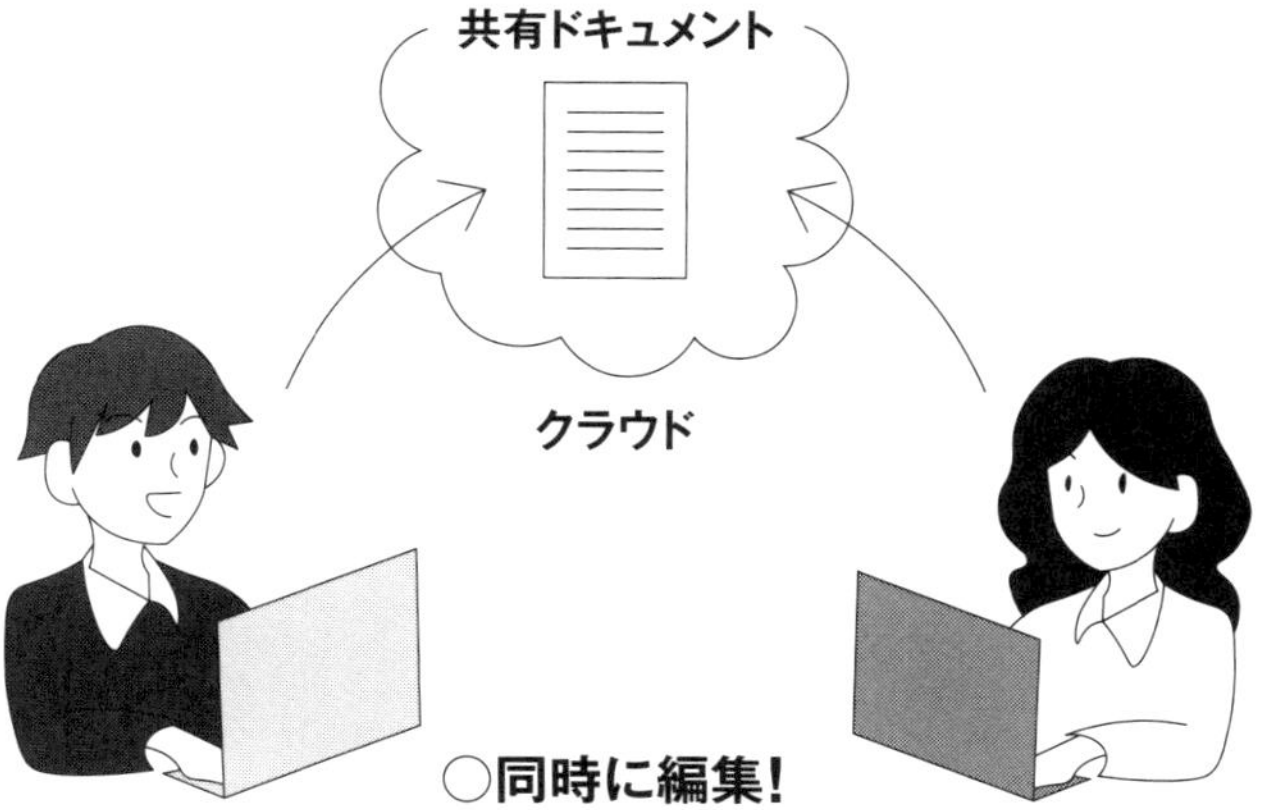

tips 50

人に仕事をつけるのでなく仕事に人をつけて効率的に分配

1月から3月までの超繁忙期は、1日も休みなく朝から晩まで走り回る状況が続いていた、自動車教習所・高石自動車スクール校長の大谷さん。当時は、人に仕事がついている状態で、各自が抱えた仕事をこなすのに精一杯、長時間の残業が発生していたといいます。

そこで大谷さんは、インストラクターの増員とともに、**さまざまな資格を取得してもらい、誰もがどの教習もできる体制を整えた**。つまり、**人に仕事をつけるのでなく、仕事に人をつけるようにした**。さらに、**事務職も1人で何役もこなせるように指導**。半年ほどの指導を経て、受付事務も、会計や検定事務、講習事務や学科教習結果入力、スケジュール作成といった仕事が担えるようになり、事務員全体で効率的に仕事を分配できるようになりました。仕事に人がつくので、1人の負担が過重になることもなく、全体の残業は大幅に減少、働きやすい職場環境へと変化していきました。

●実践者	大谷哲司
●社名	藤井興発株式会社「高石自動車スクール」
●業種	自動車教習所
●部下数	60人
●仕事の内容	自動車教習所の校長として教習業務全体を管理。指導員たちの指導監督や施設管理など全般を担う。

人に仕事をつけるのでなく、仕事に人をつける!

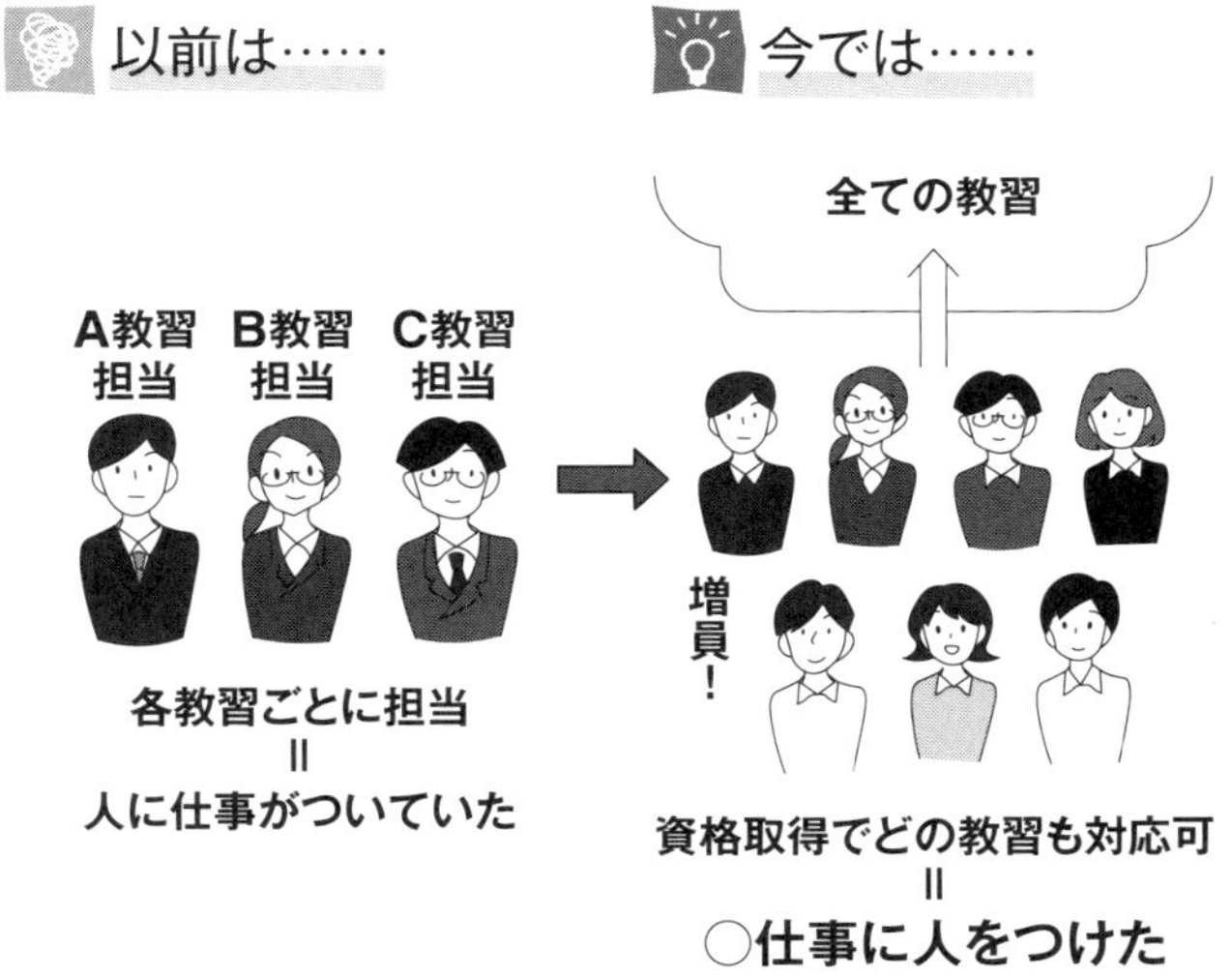

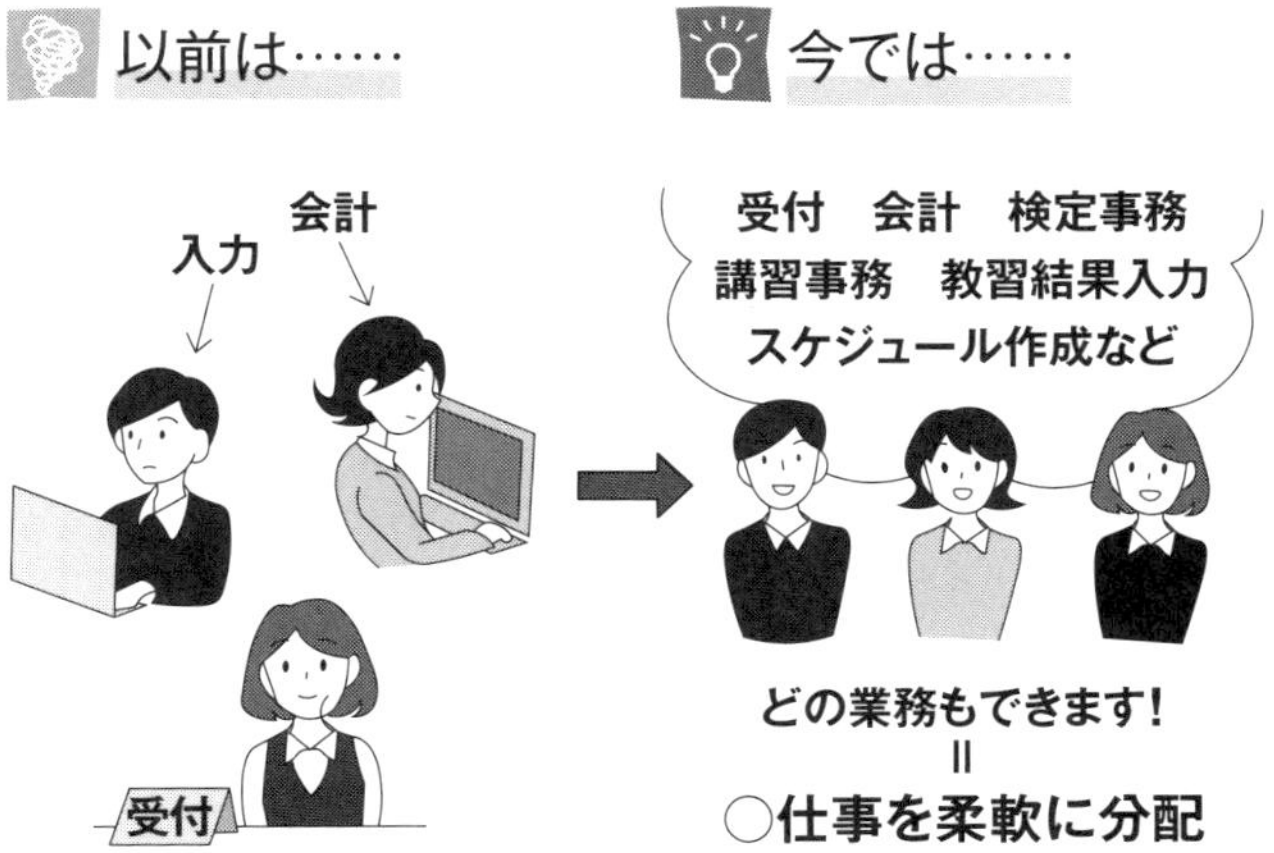

step5

「忙しそうなフリをしている人」に仕事を渡す

step5 「忙しそうなフリをしている人」に仕事を渡す

1人で抱えてしまう人、抱えようとしない人 チーム力を最大限発揮するため偏りを改善

仕事が処理し切れない人は仕事の精査ができない人

組織は人の集合体です。それぞれ、個性を持った人たちの集まりです。個性には、それぞれに得意不得意がある。

武蔵野は、エマジェネティックスを用いて、社内の1人ひとりを色分けで確認しているとプロローグでご紹介しましたが、どの色が強い人も、それぞれ組織にとって必要な人材です。赤だけの組織、緑だけの組織など、安定性も魅力もありません。

とはいえ、得意不得意があるので、その適材適所を見極めて仕事に割り振り、その人の持ち味を活かして、業務改善を行いムダな残業を減らしています。

その適材適所を見極めて仕事を割り振ってもなお、仕事を処理し切れずに1人で抱え込

む人がいます。残業が全然減らない。常に仕事に追われている。周囲と比較しても明らかに仕事量が偏っている。

そんな人の多くは、**実は、仕事を精査していないためにムダな業務に追われています。**

管理職として、このまま本人のがんばりだけに委ねていてはいけません。

まず、抱えている仕事を1つひとつ一緒に確認して、取り組んでいる仕事の成果を一緒に確認する。そうすると、成果につながる作業を進めているか、状況が見えてきます。

そこで、仕事を精査する方法を教えてあげる。

成果が出ていないものは、全部やめる。成果が出ていることだけに、現在の力を集中させる。そうすれば、あなたはすぐにA評価が取れるよ、と具体的なメリットを教えてあげることです。

そして、**成果を挙げると評価が上がることを意識させ、その際の賞与を再計算させ増加金額を数字で確認させる。**それも、事前に上司が計算しておき、本人に計算させることです。A評価が取れたら、20万円の賞与が40万円になると**自分の手で計算させて実感させる。**

数字を見れば、本人はビックリします。成果の挙がらない仕事にダラダラ時間を費やしている場合ではない、と気がつきます。そうなれば、明日から、こちらが言わなくても成果の挙がる仕事に一気に集中し、ムダな仕事や成果の挙がらない仕事を抱えて1人でジタバタしなくなります。

要は、仕事に優先順位をつけなさい、と正論だけ言ってもダメです。優先順位をつけて仕事をすることを教えて、自分にどんなメリットがあるのかを、数値でしっかりと見せてあげることが大切です。

抱え込みすぎる人にはチーム力の底力を実感させよう

実は忙しくないのに忙しいフリをして、ラクをしている社員がいる一方で、あれもこれもと案件を引き受けて、許容量オーバー気味の社員もいる組織も少なくないでしょう。これも、どちらがいい、どちらが悪いの問題ではありません。**現場のマネジメントの悪さが原因で、それを改善しすればいいだけ**です。仕事を「見える化」して精査し、必要ならば他の人を仕事に割り振っていく。

また、管理職が、そうした偏りをいち早く気づいてあげられる仕組みづくりも大切です。

私は、「1日に2回、何でもいいから、上司に連絡を入れなさい」と若い社員たちに言っています。連絡の中身は何でもいい。仕事の相談でも、プライベートな悩みでも、今度の休みに行く競輪・競馬の相談でも何でも構わない。

密なコミュニケーションを日常的に取り合うと、部下が抱え込みすぎている仕事の偏りにもすぐに気づくことができます。

自分で抱え込みすぎる人には、チーム力の大きさを認識させるといいでしょう。**1人でビールをいくら大量に飲んでも20本は飲めないが、10人で飲めば、1人2本ずつで飲める。**それがチームの力です。

仕事が偏っている状況を早めにキャッチして精査し、振り分ける。チームのマネジメント力が問われるところです。このステップでは、そうした仕事の偏りの改善に成功したよい事例を紹介しています。ぜひ参考にしてください。

tips
51
残業の申請書に抱えるタスクを明記 業務の振り分けで負担の偏りを改善

郡中丸木株式会社の店長・佐久間さんは、残業をする際、申請書に**「何の業務で何時間くらい残業が必要か」を記入して決裁を取る**ルールを徹底しました。申請書に、残業で処理するタスクがどれくらいあるかを明記させることで、**どのスタッフにどれくらいの仕事が残っているかが一目瞭然になり、スタッフ内の仕事の偏りが見えてきました**。

大量のタスクを抱えて残業したいと言っているCさん。これだけの業務を抱えていれば、残業は長時間に及びかねません。そうした状況を把握することで、**最近タスクが少なくて余裕のあるBさん**に業務を振り分けることができます。

組織は、ついつい処理スピードの速い人に業務が回され、仕事の負担が偏りがちです。偏りをならすことで、1人に過剰な負担がかかることを防ぎ、それぞれの能力を適切に活用することができます。

●実践者　佐久間広子
●社名　郡中丸木株式会社
●業種　建設･不動産業
●部下数　4人
●仕事の内容　アパマンショップという不動産賃貸のFC加盟店に店長として勤務。賃貸住宅の仲介を行う。

残業申請にタスクを明記させ
業務を効率的に振り分ける

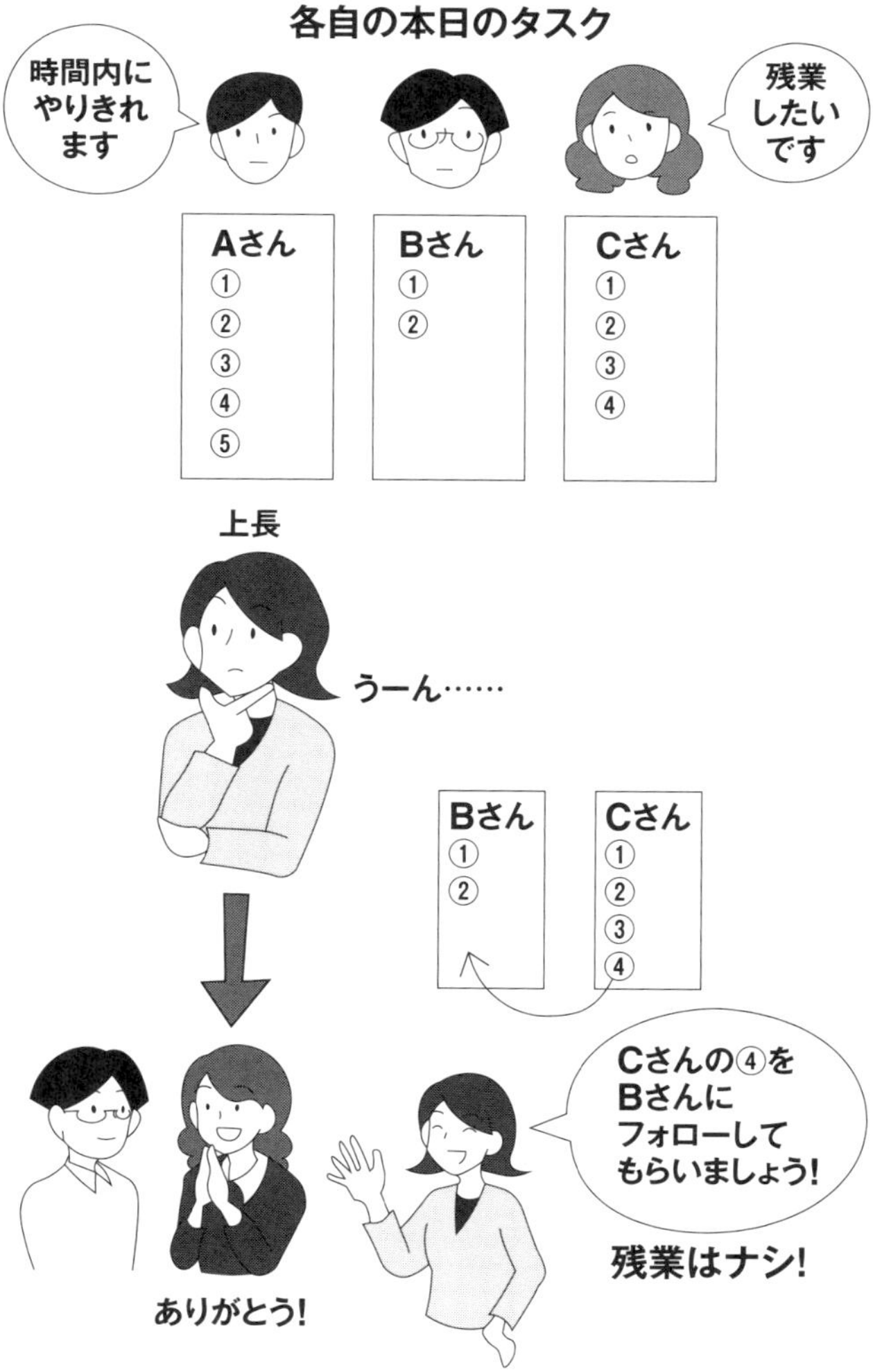
各自の本日のタスク
時間内にやりきれます
残業したいです
Aさん ① ② ③ ④ ⑤
Bさん ① ②
Cさん ① ② ③ ④
上長
うーん……
Bさん ① ②
Cさん ① ② ③ ④
Cさんの④をBさんにフォローしてもらいましょう!
残業はナシ!
ありがとう!

tips 52

部署ごとの残業平均値を算出 その120%を超えないルールに

部署によって、仕事の忙しいタイミングは異なります。営業部は入札時期が忙しくなり、総務や経理は月末月初と年度末が多忙を極める。

そのため、全ての部署の残業数を常に横並びで比較するのは難しい。そこで、各部署ごとに残業時間の平均時間を出すことで、合理的に仕事の偏りをならす工夫をしたのが株式会社瀧神巧業の製作部長の齋藤康光さん。

それぞれの部署ごとに残業時間の平均値を出し、その平均値の１２０％を誰もが超えないルールを徹底した。部署内の平均値の１２０％と、基準が合理的かつ明確になったことで、誰もが納得できるようになったと思います。これを超えて残業が多い人は、数値以内の残業を遵守しなくてはなりません。そうすることで、飛び抜けて残業時間が多い人を減らし、**残業の多い人と少ない人の偏りをならすことに成功**しました。

●実践者　齋藤康光
●社名　株式会社瀧神巧業
●業種　製造業・建設業
●部下数　10人
●仕事の内容　総合建設業の同社において、水門関連事業の製作部長として各種水門の設計・製作を統括している。

各部署ごとの残業平均値の120%を上限に設定

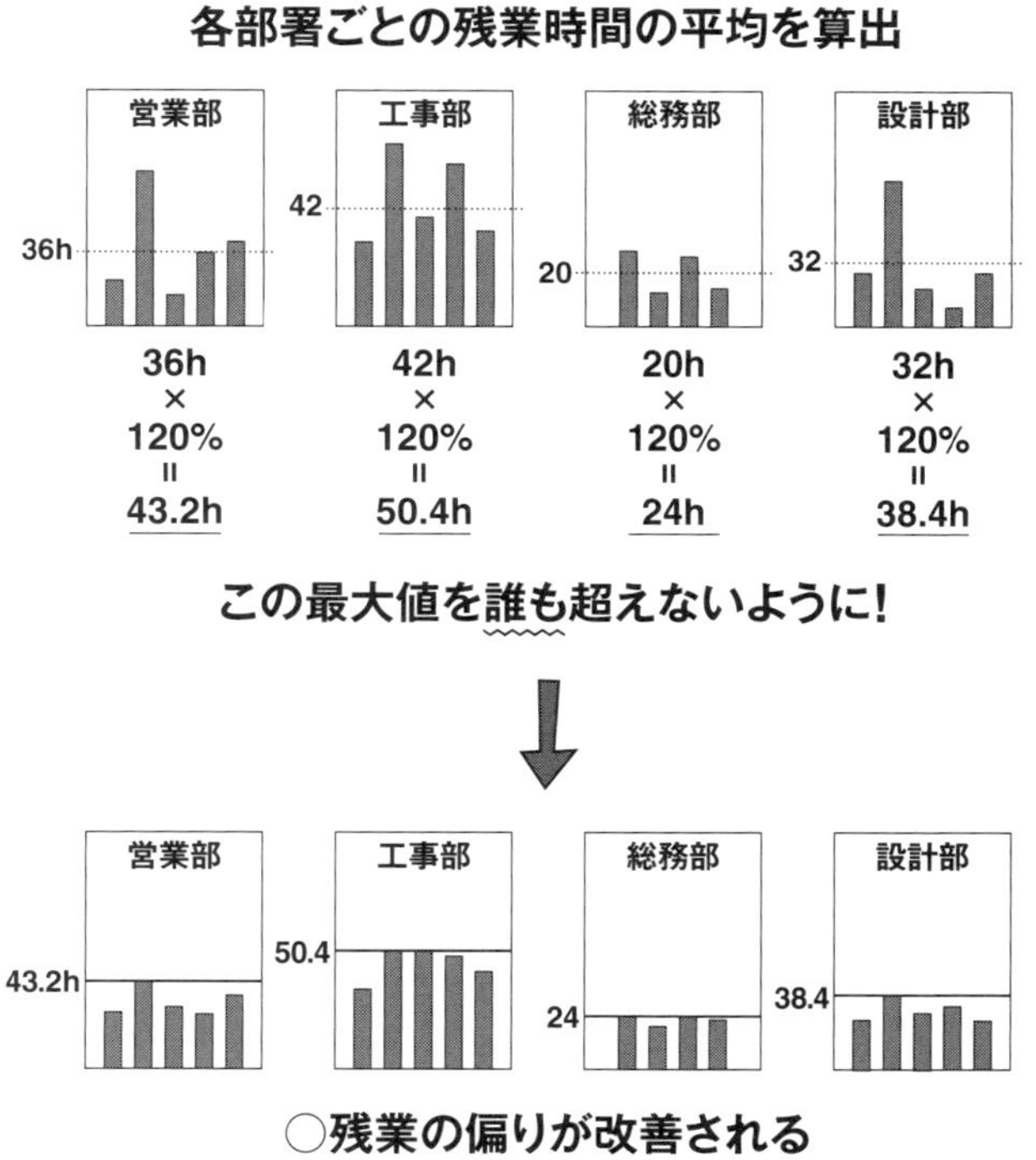

tips
53

差し立て板で各自の仕事を見える化 溢れている人の仕事を分担

職場で、誰もが一生懸命に仕事をしているように見えるものの、それぞれがどれくらいの仕事量を抱えているかよくわからない。これが、「見える化」ができていない会社の特徴です。本人だけが仕事を抱え込んでしまい、上司が進捗状況を確認しようにも、効率的に把握することが困難で、１人に仕事の負担が偏っていても、外側からはよくわかりません。大して忙しくない人が忙しいふりをしてムダな残業をしていたり。

こうした事態を改善すべく「見える化」に取り組んだのが株式会社キンキゴムの営業部長・武馬さん。**各自が抱えている仕事書類を全て差し立て板に入れて、誰がどれだけ仕事を抱えているのかを一目でわかる**ようにしました。

さらに、溢れるほどに書類が入っている人には上司が声かけし、内容をチェック。**優先順位を確認して、他の人でもできる業務は仕事の少ない人に回して、仕事の偏りをならす**ことも同時に成功しました。

●実践者	武馬寛
●社名	株式会社キンキゴム
●業種	商社
●部下数	7人
●仕事の内容	工業用ゴム・プラスチック・金属の販売と製造管理を行う同社の部長として営業部を管理統括している。

差し立て板で抱えている仕事が一目瞭然

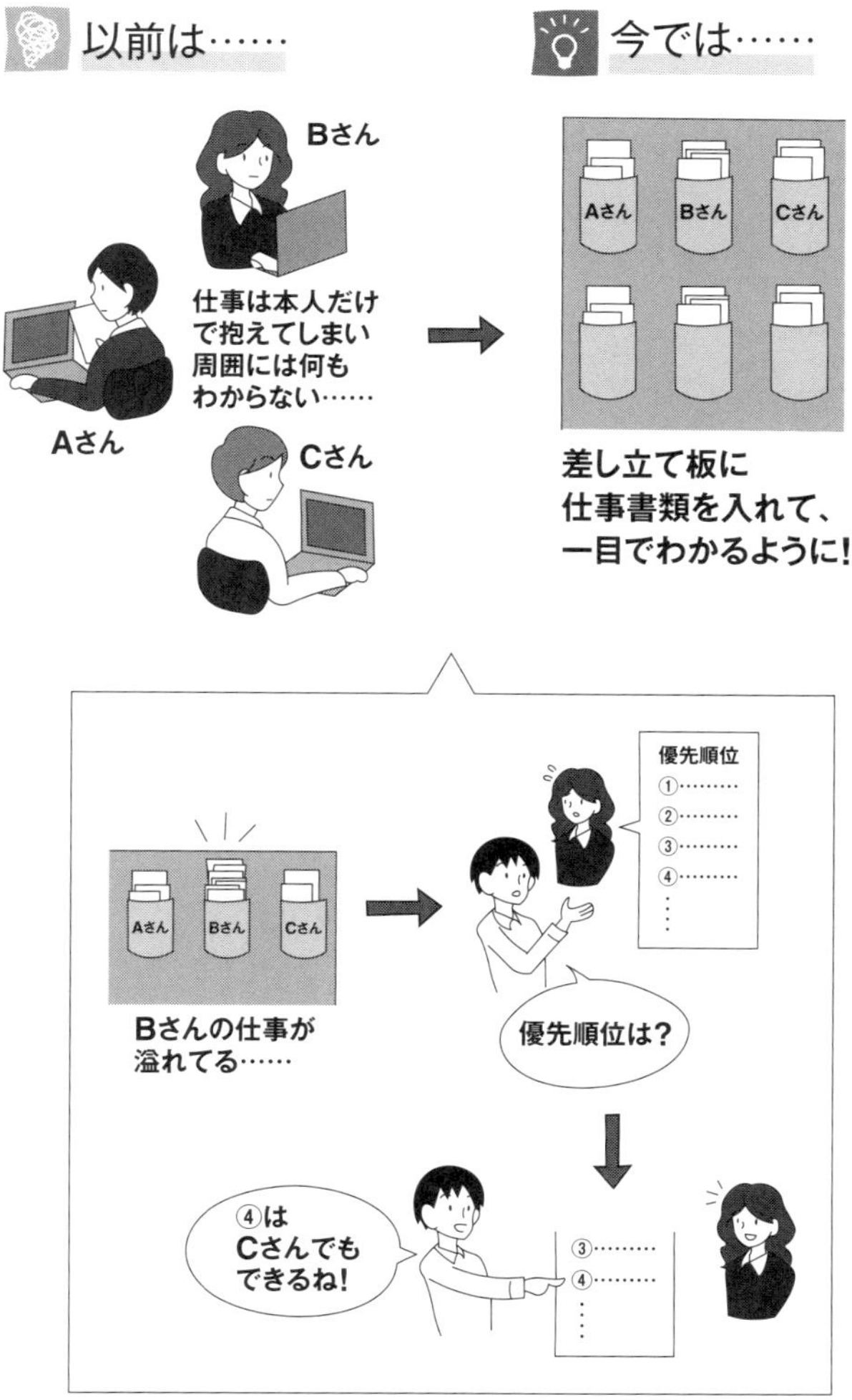

tips 54

ストップウォッチでかかる時間を測定 進捗の偏りを明確にして改善へ

仕事の処理速度は、多少の個人差が生じます。とはいえ、効率的な処理プロセスさえ整っていれば、基本的には誰がやっても、ほぼ似たような速度での処理が可能になる。

それでも進捗に大きな偏りが出るならば、業務内容に改善の余地があることにほかなりません。**仕事量の偏りも進捗の偏りも、いずれも過度の残業につながる大きな問題**です。

リサイクルショップを広く展開している株式会社プリマベーラの総務部長、津久井さんは、そうした状況を洗い出すために、**1つひとつの仕事をストップウォッチで測定し、処理速度を「見える化」**しました。業務ごとの進捗がはっきりとわかると、**仕事量の多い人の仕事を他のスタッフに振り分けたり、処理する量がそれほど多くないのに時間がかかっている部分は、改善策を検討したり**できます。

●実践者	津久井豊
●社名	株式会社プリマベーラ
●業種	販売、小売、リユース
●部下数	5人
●仕事の内容	リサイクルショップなどを広く手がける同社において、総務部長として労務管理や経理関係から人事全般までを統括。

仕事量と効率の偏りを時間でチェック

ストップウォッチで
1つひとつの仕事の時間を測定し「見える化」

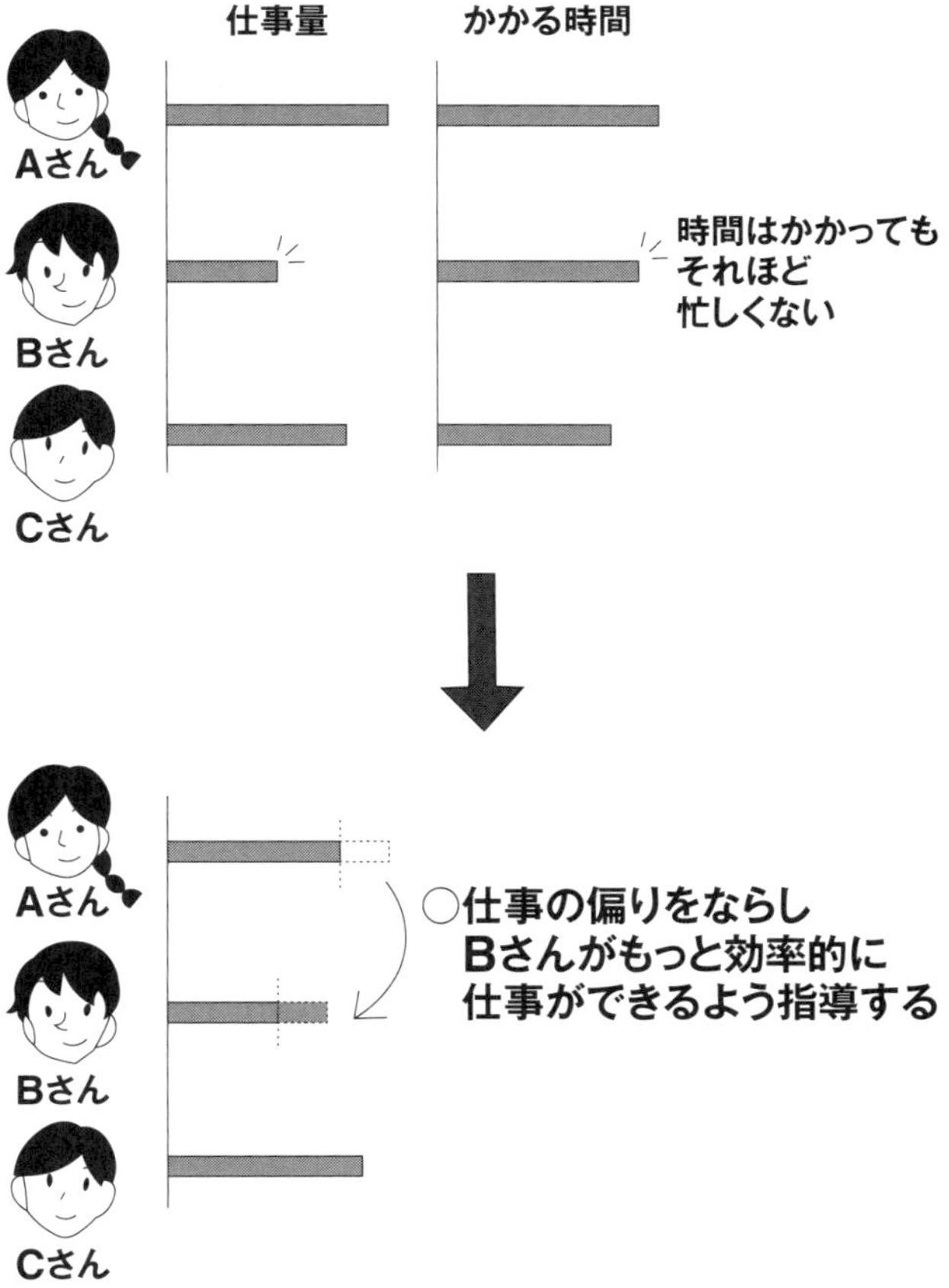

tips
55
何でも自分で抱え込む店長に仕事を振り分けさせる

多数のリサイクルショップを展開している株式会社プリマベーラ。事業部長代理として、6店舗の運営統括や事業部全体の運営統括を任されている新井さんは、残業が少ない店長と、残業が非常に多い店長の仕事のやり方が全く違うことに気がつきました。**残業が多い店長の仕事のやり方を見ると、部下に任せず、何でも自分でやってしまい、仕事が偏る傾向にあった**。

店長のポジションは、それぞれのスタッフの適材適所を見抜いて上手に仕事を振り分けます。**「自分でなければできない」と、あれもこれも抱え込む中間管理職は優秀な人ではありません**し、やみくもに自分の残業ばかりを増やして、マイナスのスパイラルに陥りがち。新井さんは、規定労働時間超過者の名前と時間を貼り出して、そうした抱え込み型店長に**危機意識を持たせる一方で、店長がやらなくていい業務をスタッフに振り分けさせる**といった指導を行い、仕事の偏りをならしていきました。

●実践者	新井英雄
●社名	株式会社プリマベーラ
●業種	販売、小売、リユース
●部下数	160人
●仕事の内容	リサイクルショップなどを広く手がける同社において、23店舗のメディア事業部全体の運営統括を担当。

抱え込み型店長の仕事を振り分け

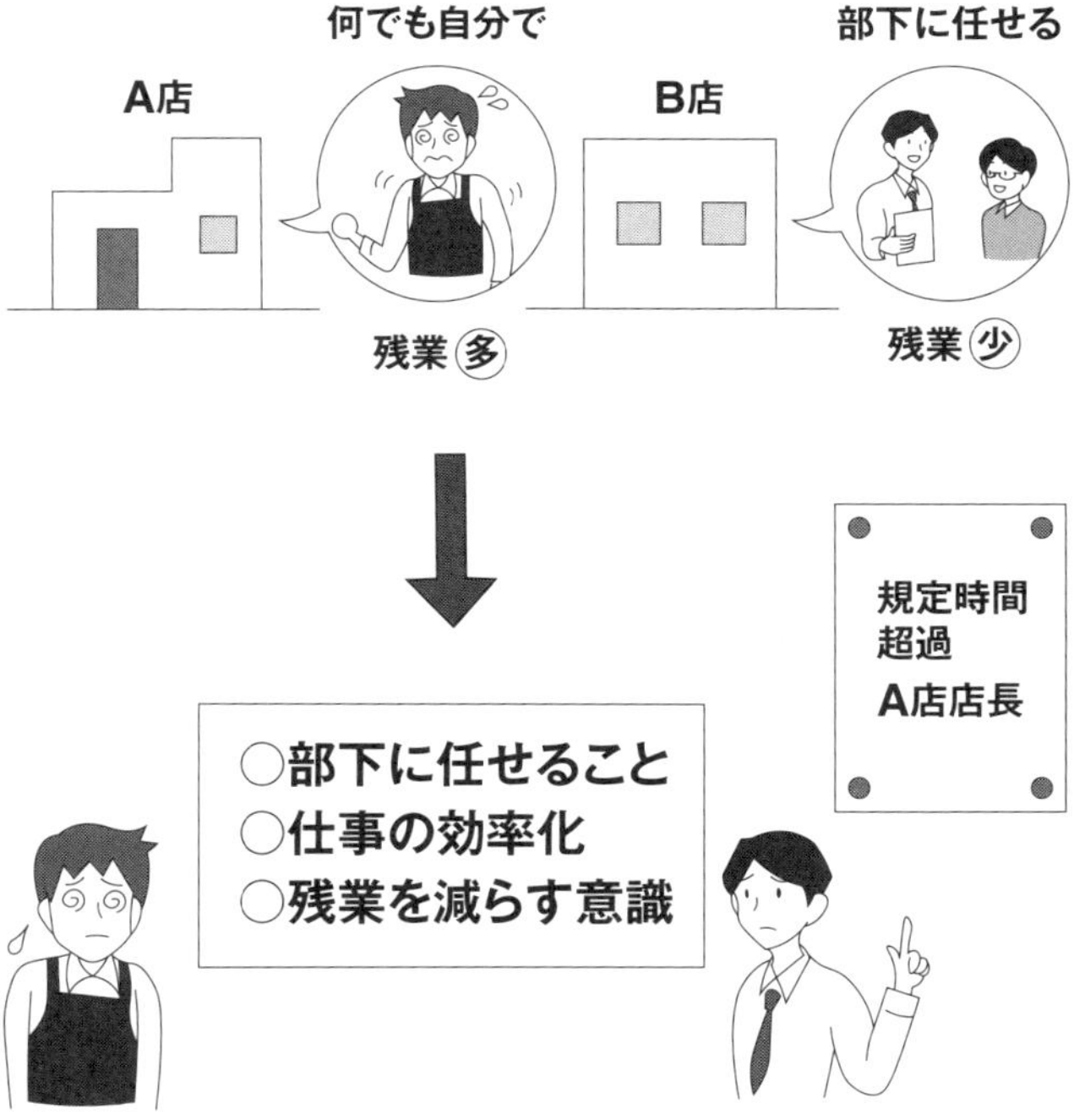

tips 56

ランチミーティングで計画を確認 変更があれば人員配置で調整

会社内で偏りなく業務を回していくのは難しいものです。偏りのないように計画を立てても、イレギュラーな業務の発生などは避けられず、業務の負担がどこかに偏ってしまう事態が日常的に発生します。そうした変更に柔軟に対応できるよう工夫しているのが、株式会社関通の営業部長・河井さん。

河井さんは**毎日の人員配置と完了計画について、ランチミーティングを実施**しています。そのミーティングの際に、本日の計画が、昨日と変更があるかを確認。もしも**完了時間に変更がある場合、他の現場からの人員を配置**して、その**拠点全体で1人当たりの仕事量をならし、できるだけ同じ時間で終われるように対応**しているといいます。Aの現場では20時完了の予定、一方のBの現場では18時には完了する予定である場合、Bの現場からAの現場に人員を配置することで、どちらの現場も19時完了を目指します。拠点によって、毎日、毎週など頻度はそれぞれですが、毎日実施した方がうまくいきます。

●実践者	河井章宏
●社名	株式会社関通
●業種	配送センター代行
●部下数	24人
●仕事の内容	入荷から出荷までを扱う配送センター代行を行う同社にて、営業部長、センター長として業務を統括。

日々のランチ時に午後の配置を調整

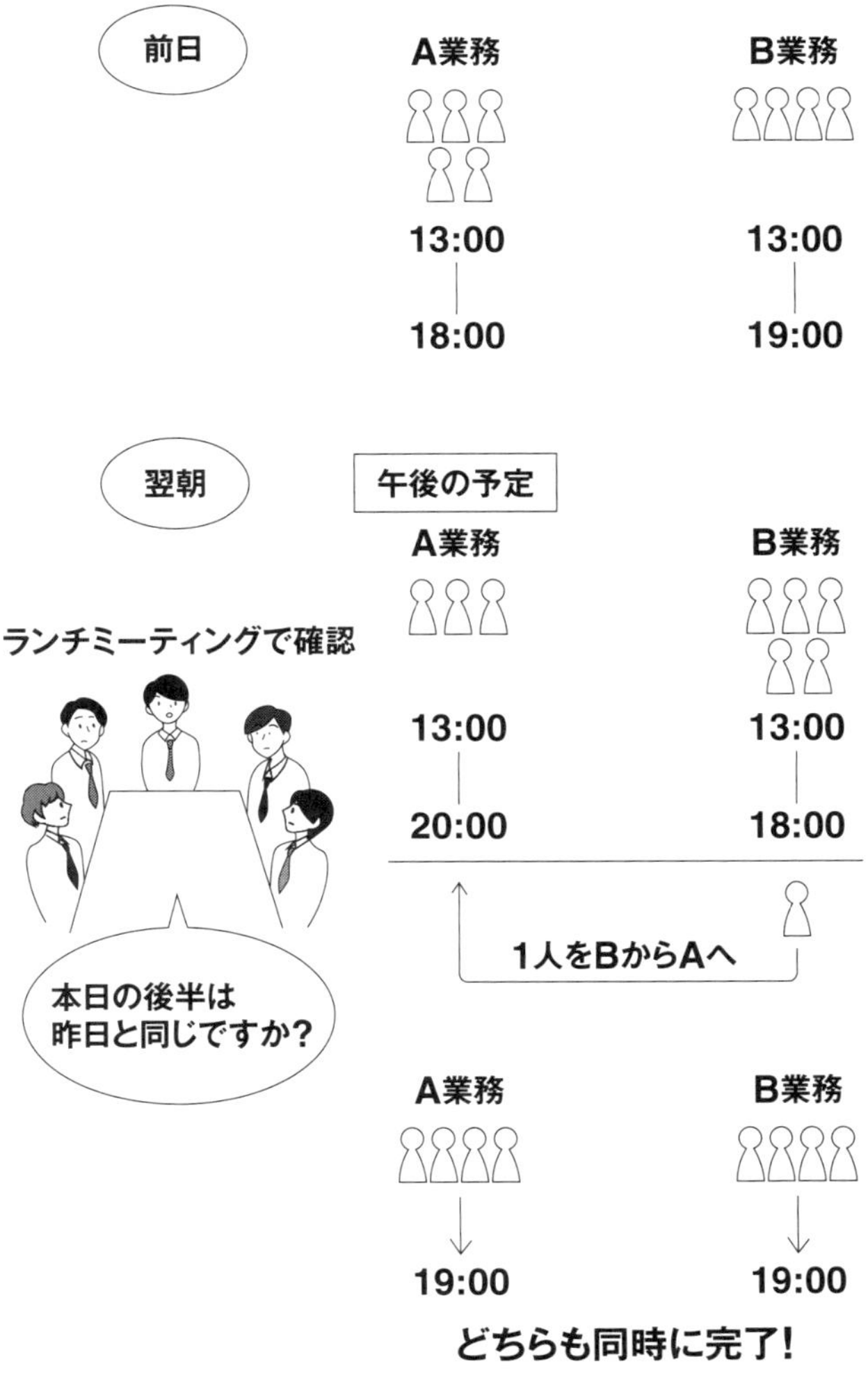

tips 57

早朝や夜間に仕事が発生した場合は早い退社、遅め出社で残業を減らす

株式会社ダスキン山口では、一般企業向けの清掃用品のレンタル業務を行っています。企業の訪問スケジュールによっては、早朝レンタルやナイトレンタルといった時間外の業務が多くなる。以前は早朝レンタルが発生した場合も、スタッフは定時の17時30分まで会社にいたため、必然的に残業が発生していました。また、ナイトレンタルのある日も、定時である朝の8時30分に出勤し、残業扱いにするのがほとんどでした。その結果、早朝レンタルやナイトレンタルの担当者の残業が著しく偏って増える状況にあった。

そこで、ダスキン山口の常務取締役・岩本さんは、**早朝レンタルがある場合は早く退社し、ナイトレンタルが入る場合には、可能な限り、昼から出勤**のシフトに組み替えました。習慣的に定時の出退勤を守っていたけれど、**必ずしも定時に来て定時まで残っている必要性はなかった**。これまでの慣習を見直すことで仕事の偏りをならし、残業の削減へとつなげました。

●実践者	岩本達也
●社名	株式会社ダスキン山口
●業種	クリーンサービス
●部下数	10人
●仕事の内容	クリーンサービスを提供する同社にて常務取締役として一般企業向けのレンタル業務及びセールス活動を統括。

早朝勤務、夜間勤務のシフトを改善

以前は……

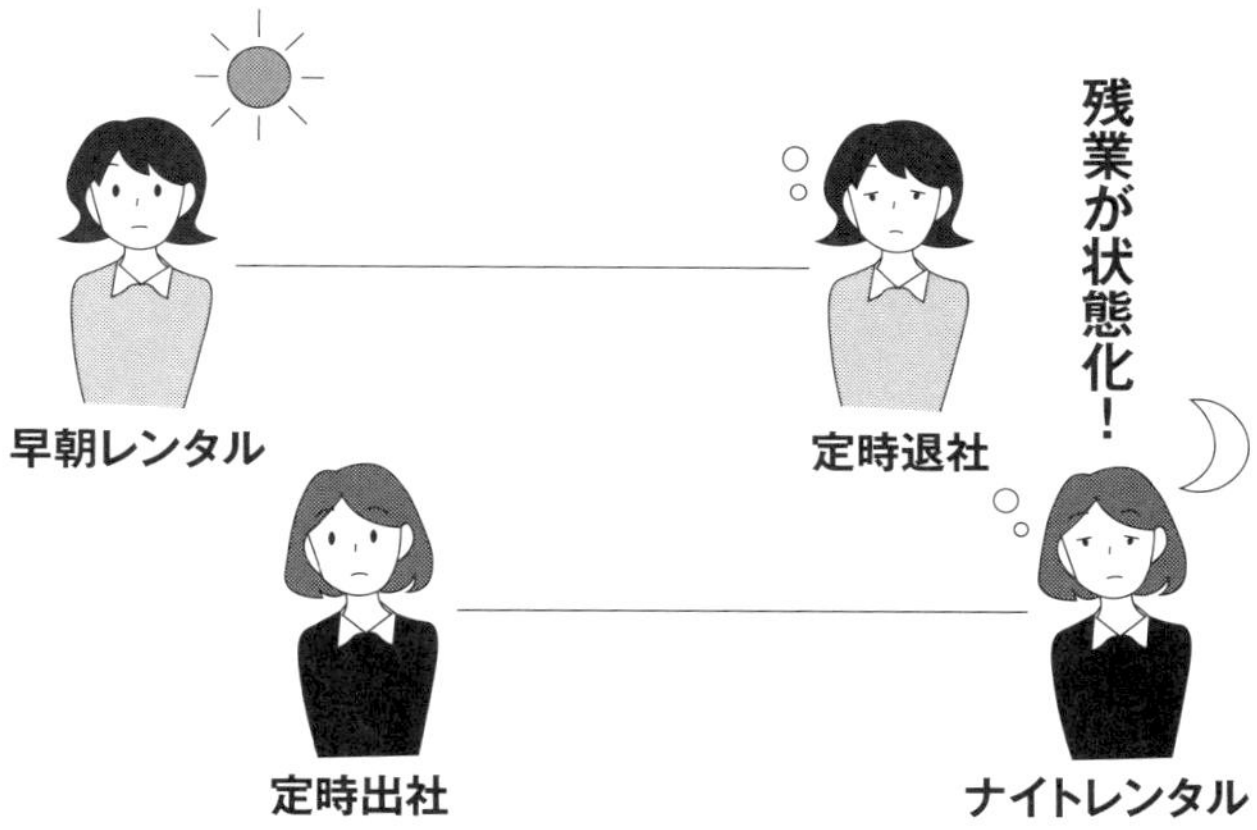

今では……

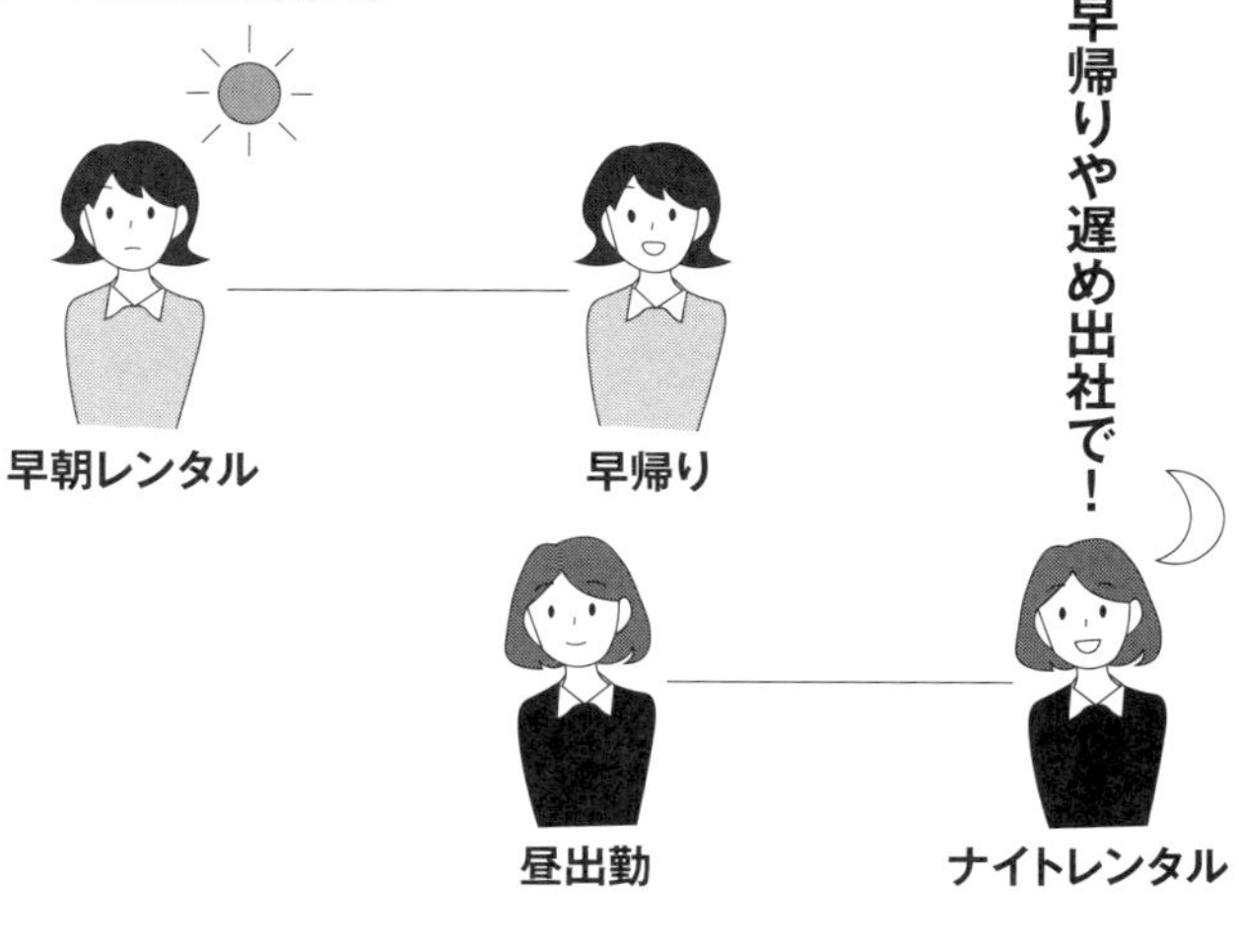

step6

部下の「やる気」と組織の「ポテンシャル」を伸ばす

優秀ならばパートさんも課長になれる常識を疑い大胆に人と組織をデザイン

「バックヤードは効率化しても部下の教育はアナログで」

武蔵野は、部下への教育の基本は現場への同行。上司が部下の現場に同行することを大切にしています。教育の基本は1対1です。人とのかかわりはマンツーマンが基本だと考えています。

効率がよくても、1対N（多数）の教育はダメです。**「人を育てる」のと「効率」とは相入れない**ものです。一見、効率がよくなくても、1人の人間に割く時間を大切にすべきです。これは、対部下だけでなく、対同僚、対お客さま、誰に対しても同じ。

バックヤードの処理業務はＩＴでできる限り効率化していき、**人に接する部分は超アナログを大事にする**、これが私の基本姿勢です。ここに手間をかけなければ、人間は成長しないし、組織も伸びません。

定期的に義務づけている上司とのサシ飲みや、違う部署の幹部と飲む「夢の共有」も全て1対1です。人間は大勢では本音で語りません。**マンツーマンだからできる話がある。**それがコミュニケーションの基本だと考えています。

上司は部下のことをどれくらい把握しているか。理解できているか。本音を聞き出せているか。そういうことがチームづくりにおいて重要だと考えています。このコミュニケーションがうまくいっているチームは問題を共有する力にも優れています。

私は、部下の恋愛動向を、直属の上司よりも私が先にキャッチした場合、上司のボーナスを減額するんです（笑）。本来、そんなことは直属の上司が真っ先につかむべきことですから。

それは半分冗談ですが、私は、それくらい人と人のつながりを大切にしています。

経営サポート事業部の岡本真和課長が、春名美季課長（当時）の実家に結婚の挨拶に行く時には、持っていくべき酒の種類や、挨拶の内容まで指導しました。「お前は酒が強くないんだから、『野うさぎの走り』（米焼酎）なんか持っていったら潰れておしまいだ。持参するならシャブリワイン（GRAND CRU）にしろ、それならお父さんとお前の2人で、何とか空けられるだろう」っていう具合に。

それで春名のお父さんに見事気に入られて成功した暁《あかつき》には、仕事でアドバイスした時よりも尊敬されますよ（笑）。社長と部下とは、そういうものですし、**指示を出す時は常に、それくらい微に入り細に入り丁寧に伝えるべき**です。

しっかり指示を出せば部下はその通りに動きます。動かないのは、マネジメントする側の手抜きです。**何度も言って聞かせ、やらせてみて確認する。そして結果が出たら褒めまくる。**そういう密なコミュニケーションによって、上司と部下の信頼関係ができ上がります。

パートだろうとアルバイトだろうと能力あれば出世する

組織のポテンシャルを最大限に発揮させるためには、常識にとらわれないことも大切です。常識にとらわれすぎると働く人たちのポテンシャルを生かし切れません。

今は働き方も多様化して、正社員・契約社員・パート・アルバイトと、さまざまな雇用形態で働く人たちが同じ職場にいる状況があちこちにある。そうなると、相手に対する不満とか、やっかみとか、いろいろな不協和音が出やすくなるものです。

私は、社員もパートもアルバイトも派遣社員も、全員に同じ仕事を要求しています。するとアルバイトが文句を言ってくることもあります。そういう時は「**だったら、明日から社員になりなさい**」と言います。アルバイトやパートも社員になればいい。あるいは、**パートのままでもどんどん出世**していけばいい。

うちにはパート課長が6人もいます。社員が部下です。それで何の問題もありません。常識にとらわれすぎる会社は、上司は社員でなければいけないと固定観念に縛られて、アホな社員を上司にして優秀なパートを部下にする。アホじゃないかと思いますね。

優秀なパートを上司にして、賢くない社員を部下にして育ててもらえばいいでしょう。

上司の給与の方が高くなくてはいけないと思い込んでいる世の中の方がおかしい。まさに、そういう常識が風景になってしまっているので、誰も疑おうとしません。

今いる人たちが、そのポテンシャルを最大限発揮できるように環境を整えるのがマネジメントをする側の役割です。**常識にとらわれない大胆な発想**が必要です。

tips 58

マネジメントゲーム研修に参加し若手社員に経営目線を学ばせる

いくら「効率化」とか「仕事の見える化」といっても、自分がやっていることが、何に直結しているのか、どのように巡り巡って会社のためになり、自分のためになっているのか、若手にはなかなかピンときません。

そこで**積極的に参加させたいのが「マネジメントゲーム研修」**です。「マネジメントゲーム研修」とは、いわゆるボードゲームのようなものを通じて「経営とは何か」を体験する研修です。資金繰りや財務諸表といった決算資料一式とにらめっこしながら、経営の感覚をゲーム感覚で学んでいきます。

売上を設備投資に回すべきか、原材料の購入はどうするか。工場の人的配置はどのように効率化できるのか……。**会社組織の生産性を上げていくために考えるべき要素**はたくさんあります。こういう経験を通して、**自分が作り出した売上が何に使われ何を生んでいるかを経営者目線で考えられる**ようになると、自然とムダな残業に対する意識も変化します。

●実践者	松田佑介
●社名	株式会社KOKADO
●業種	エンターテインメント
●部下数	12人
●仕事の内容	話題のシステムを早期に導入して社内システムを構築する業務をメインに、経理や総務でも給与関連の手続きを管理。

マネジメントゲーム研修で経営者目線を養う

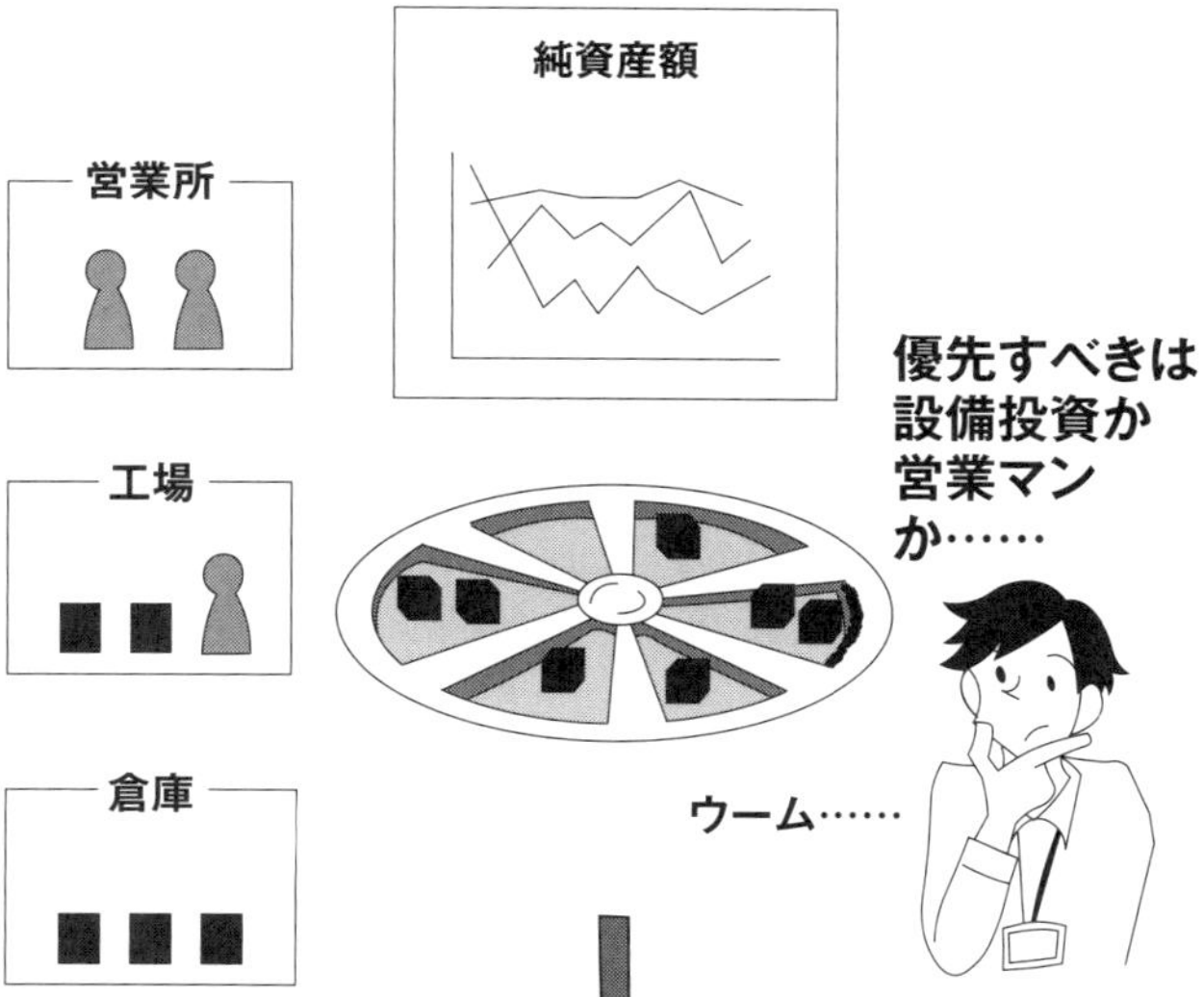

自分の売り上げが何に使われ、
何を生んでいるのかを知る

経営者目線で仕事を見るようになる

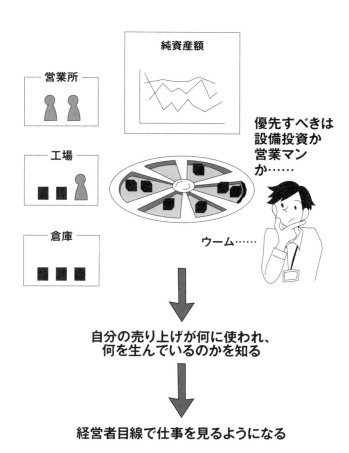

tips
59
現地ラウンダー制度を採用して移動時間の大幅削減に成功

全国に営業所がある場合、各地の取引先の巡回チェックには、どうしても遠方への出張にならざるを得ません。時には、移動時間に片道4時間かかるなんてことも。移動の途中の時間をiPadでの連絡や報告といった作業時間に当てることもできますが、基本は生産性のない時間でありムダな時間が多い。

そこで、株式会社KOKADOでは、**利益を生まない移動時間をできる限り削減するために、営業部でラウンダー制度を導入**しました。現地採用のアルバイトを雇い、彼らにラウンダーとして動いてもらうことで、大幅に移動時間を削減することに成功した。

非効率的な側面がある業務については、これまでの慣習を改め思い切ってアウトソーシングすることで、仕事の集中度も高まり、結果としてムダな仕事の削減、残業の削減につながるのがわかるでしょう。

●実践者	松田佑介
●社名	株式会社KOKADO
●業種	エンターテインメント
●部下数	12人
●仕事の内容	話題のシステムを早期に導入して社内システムを構築する業務をメインに、経理や総務でも給与関連の手続きを管理。

スタッフの現地採用で移動時間を大幅圧縮

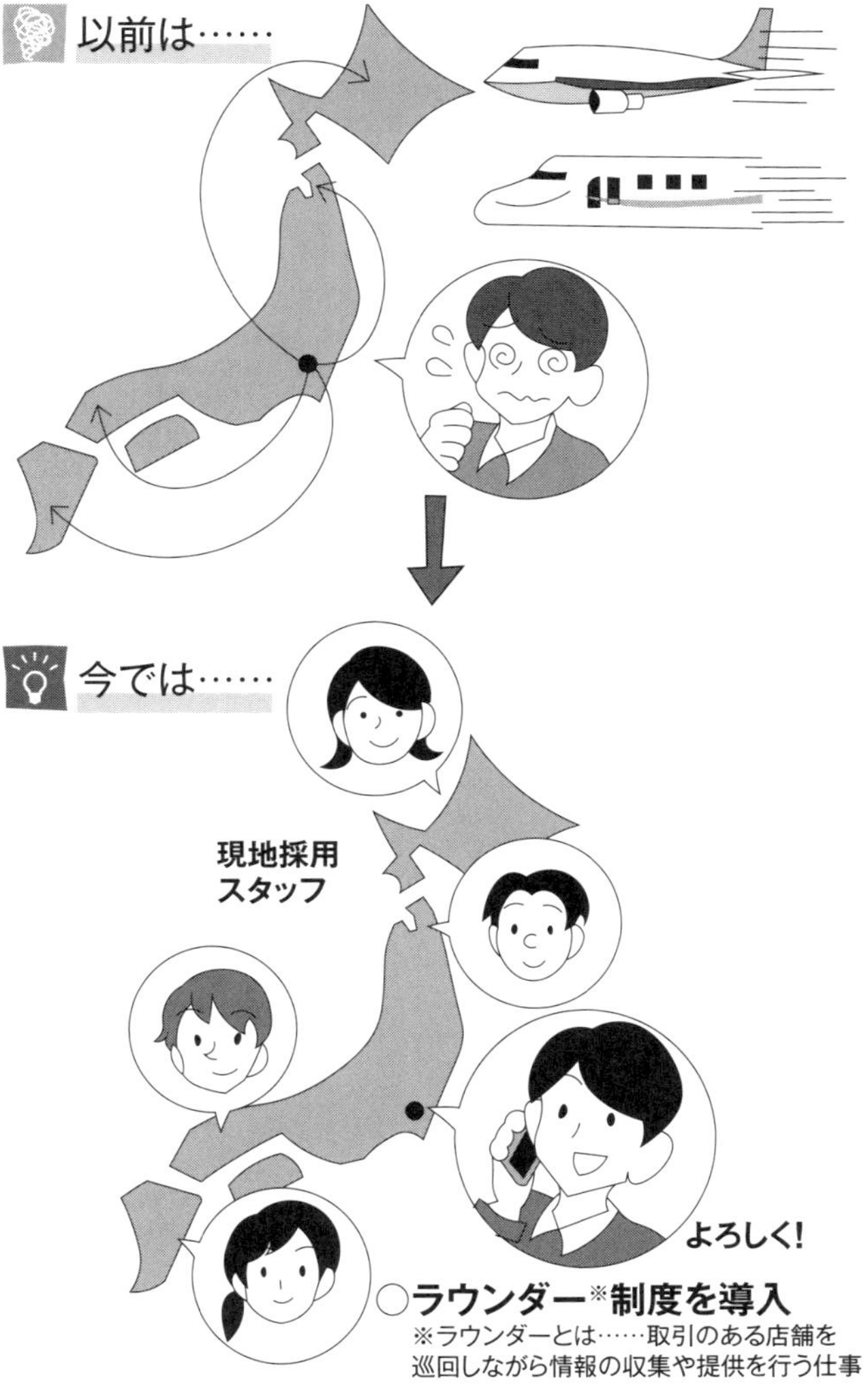

tips
60
営業ルートの回り方を見直して ルートマンの2名削減に成功

残業ゼロへの第一歩は、ルーティンの見直しから。紹介するのは、それまでのルート営業が効率的に回れていたかを見直した事例です。株式会社武蔵野の営業課長の牛島は、**お客さまの住所をリスト化してグーグルマップにピンを落として表示**、定休日などの情報も考慮して最も効率よく回るための組み合わせを考えました。14時のお客さまの後、16時のお客さままで空いてしまう……というような場合、16時のお客さまを15時の時間帯でまとめる工夫も有効です。**洗い出してみると、意外とムダな回り方をしていたことに気づく**ものです。

また、彼はどこのルートからも遠く離れたようなお客さまについては、本部に委託する判断を下しました。回るエリア自体を狭めた。**エリアを狭めて効率化したことで残業を減らし、それまで7名のルートマンで回っていたところ、2名削減**にも成功。本部へ委託することで売上が移動してもなお人件費や車両代の大幅削減により、全体の収益アップにつながりました。

●実践者	牛島弘貴
●社名	株式会社武蔵野
●業種	クリーンサービス
●部下数	6人
●仕事の内容	小金井市店のビジネスサービスを担当する営業課長として、ルート営業のスタッフたちをマネジメント。

ルートの見直しで大幅なコストカットに成功

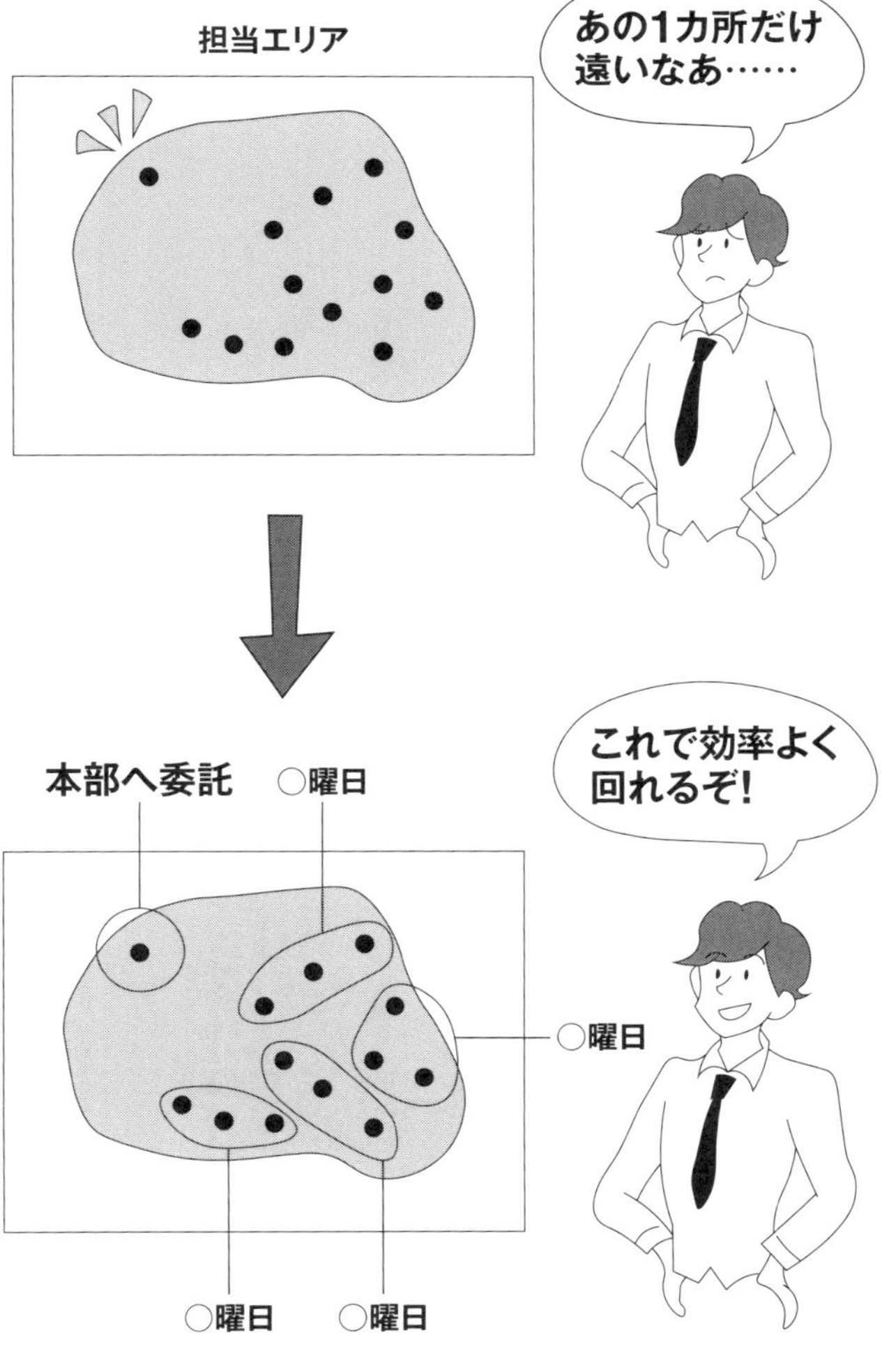

tips 61

ボイスメールのこまやかな往復で部下との関係を強化

上司との関係に悩む部下への私のアドバイスは「チャットでいいから、1日2回、直属の上司に報告をしろ」というもの。1回は定時報告で、もう1つは何でもいいからとにかく連絡する。**密なコミュニケーションは問題意識を共有するうえで非常に重要**だからです。

武蔵野の営業課長の遠藤も、部下に「何でもいいから1日1回、『ボイスメール』で『今日の質問』を送って」と伝えています。強制ではないので評価に影響しません。「ボイスメール」ならば聞くのも返答も大した負担にならず、既読を気にする必要もありません。文字より声の方が気持ちが伝わります。

「支店の近くで美味しいお店は?」といったことから仕事上の悩みについてなど、「ボイスメール」の内容はさまざまですが、**日常的に密なコミュニケーションによって細かいアドバイスが可能**になります。結果として**「ボイスメール」をまめに送る新人ほど仕事の吸収も早く、残業も少ない**結果が出ています。

●実践者	遠藤智彦
●社名	株式会社武蔵野
●業種	クリーンサービス
●部下数	6人
●仕事の内容	営業課長として小金井支店のホームサービスを担当。内勤やルート営業のメンバーたちを管理統括している。

1日1回、ボイスメールで「今日の質問」を送る

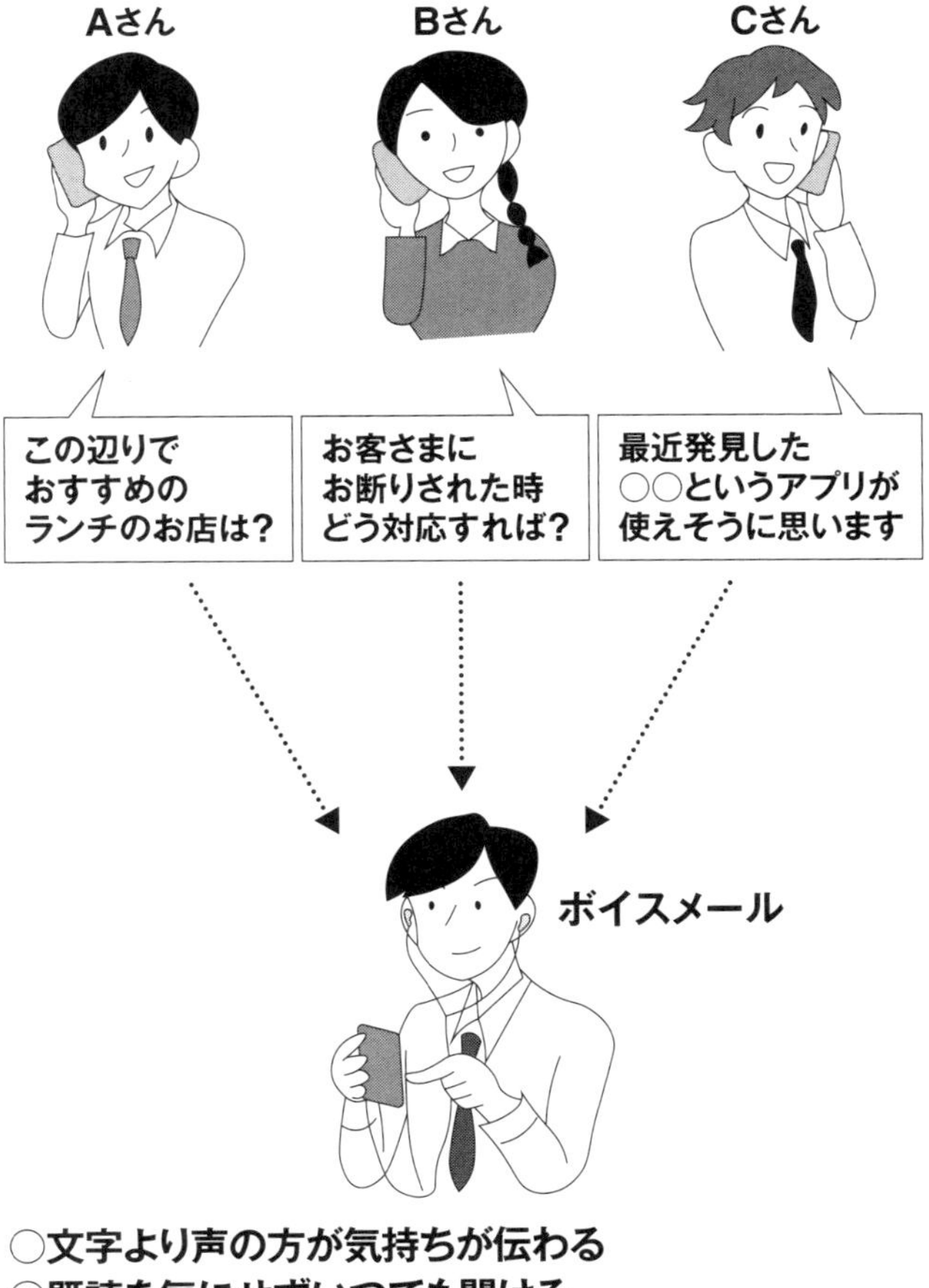

◯文字より声の方が気持ちが伝わる
◯既読を気にせずいつでも聞ける
◯返信もボイスメールなので双方ともに負担にならない

tips
62

夕方以降に回していた業務のための専門部署を設けて残業が大幅減

外回りや接客など、昼間は対外的な業務に忙殺され、それ以外の業務は全て夕方以降に後回し……。そんな状態を続けていては、残業を減らすことなどできません。郡中丸木株式会社で不動産ショップの店長として勤務している佐久間さんも、そのような状況に陥っていた管理職の1人。昼間はお客さまやオーナーさまの訪問といった業務で忙しく、物件の登録作業は夕方にならなければ着手できなかったといいます。当然ながら残業が続き、日付を超えてしまうこともしばしばでした。

そこで、**賃貸部門の責任者が物件登録を専門に行う部署の立ち上げを社長に願い出た**。社長の決断により登録の部署が誕生、**全店舗の登録はこの部署に一本化**されました。その結果、各店舗の業務が大幅に軽減し、残業カットにつながった。効率的に業務を進めるためには、組織内を思い切って改革していく、その気概を管理職の人間が持てるか否かで結果は大きく違ってきます。

●実践者	佐久間広子
●社名	郡中丸木株式会社
●業種	建設･不動産業
●部下数	4人
●仕事の内容	アパマンショップという不動産賃貸のFC加盟店に店長として勤務。賃貸住宅の仲介を行う。

物件登録を専門部署に一本化し業務削減

tips
63
毎月の上司面談では個人ロッカーやカバンもチェック

株式会社キンキゴムの営業部長・武馬さんは、毎週月曜に日々の業務資料が入っている差し立て板をチェックしていますが、**毎月の上司面談では、個人ロッカーや営業カバンの中身もチェック**しているそうです。

効率よく業務をこなしている職場は、整理整頓が行き届いています。定位置管理が徹底され、物を探す時間をムダにしません。それは個人においても同じことが言えます。**ＰＣのデスクトップや、ロッカーの中、カバンの中などは、その人の頭の中を映し出す鏡です**。デスクトップ上がさまざまなフォルダでぐちゃぐちゃになっている人は頭の中もぐちゃぐちゃです。そこから必要なデータを探すだけで一苦労。ロッカーやカバンの中も同様です。そういう人には**定位置管理を徹底して習慣づけさせる**ことが大切です。あらゆるものを常に同じ場所に整理することが習慣化すると頭の中も整理され、生産性は必ず上がります。

●実践者	武馬寛
●社名	株式会社キンキゴム
●業種	商社
●部下数	7人
●仕事の内容	工業用ゴム・プラスチック・金属の販売と製造管理を行う同社の部長として営業部を管理統括している。

定位置管理の徹底を上司がチェック

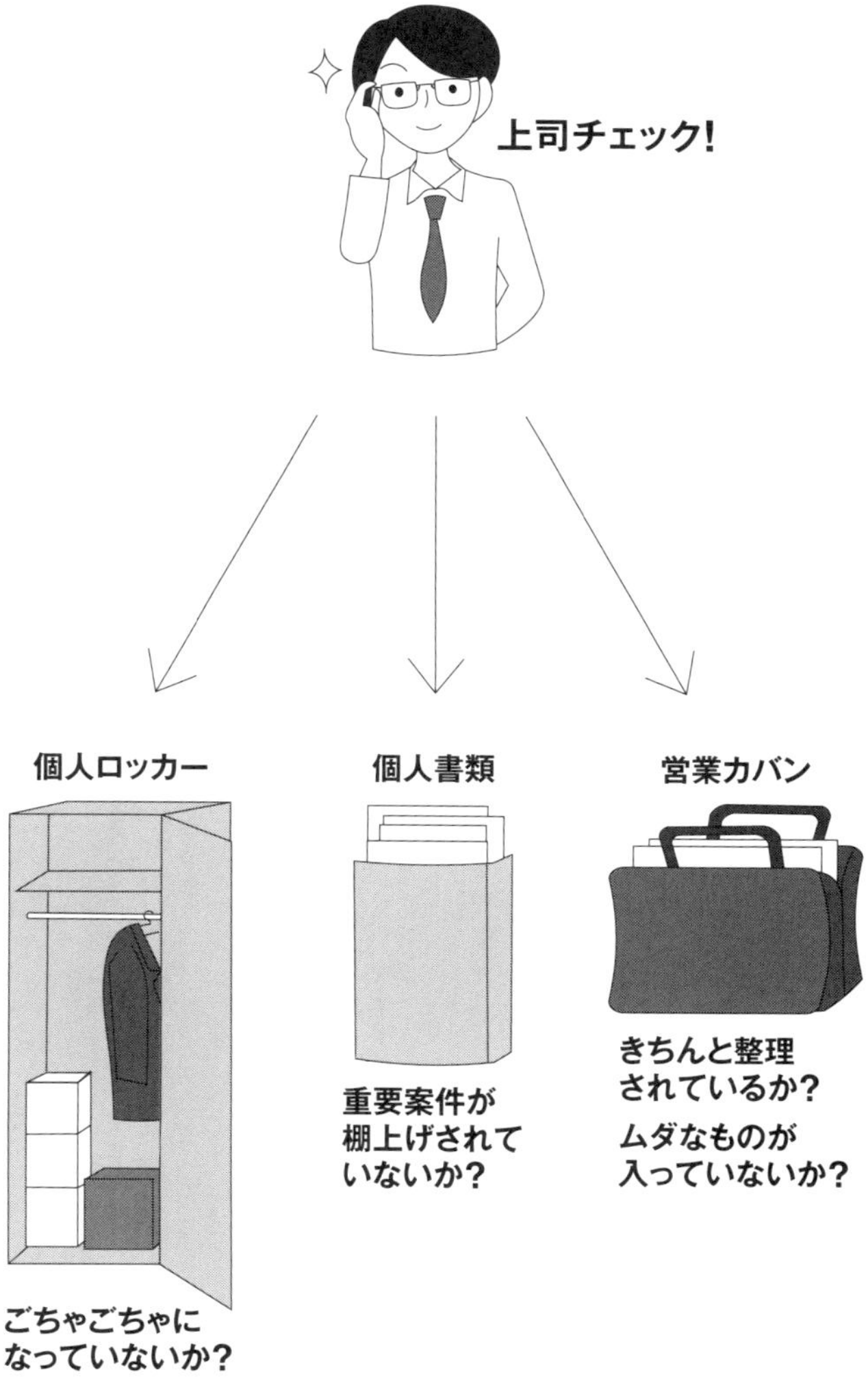
上司チェック!
個人ロッカー
ごちゃごちゃに
なっていないか?
個人書類
重要案件が
棚上げされて
いないか?
営業カバン
きちんと整理
されているか?
ムダなものが
入っていないか?

tips 64

帰社後に営業が行っていた校正作業 サポート課に100%移行で負担軽減

広告制作会社の宣研ロジエ株式会社は、営業企画部の負担の重さが問題になっていました。日中は営業に飛び回っているため、事務作業や営業準備などは、どうしても夕方に社に戻ってからの作業にならざるを得ず、長時間の残業が発生している状況でした。

そこで、営業企画部グループ統括部長の鮎澤さんは、組織内の仕事の割り振りを大きく変える決断をします。**残業が多い営業企画チームの負担の偏りをならすべく、これまでは営業がやっていた印刷物の校正作業を、社内のサポート課に100%移した**。そうすれば、日中にサポート課が校正したものを、営業は、必要な時の確認だけですみ、負担が著しく軽減します。もう1つ、商品発注作業も営業の仕事からサポート課に移行。これも、営業チームが行う必要のない業務でした。これまでの割り振りをそのまま踏襲するのでなく、**社内の人材のポテンシャルを精査してみると、改革の糸口は見つかるもの**です。

●実践者	鮎澤秀樹
●社名	宣研ロジエ株式会社
●業種	広告制作会社
●部下数	13人
●仕事の内容	地域金融機関の販促にかかわる企画立案や販促物の製作を行う同社で、営業企画部グループを部長として統括。

営業チームの校正作業を別チームに移行

以前は……

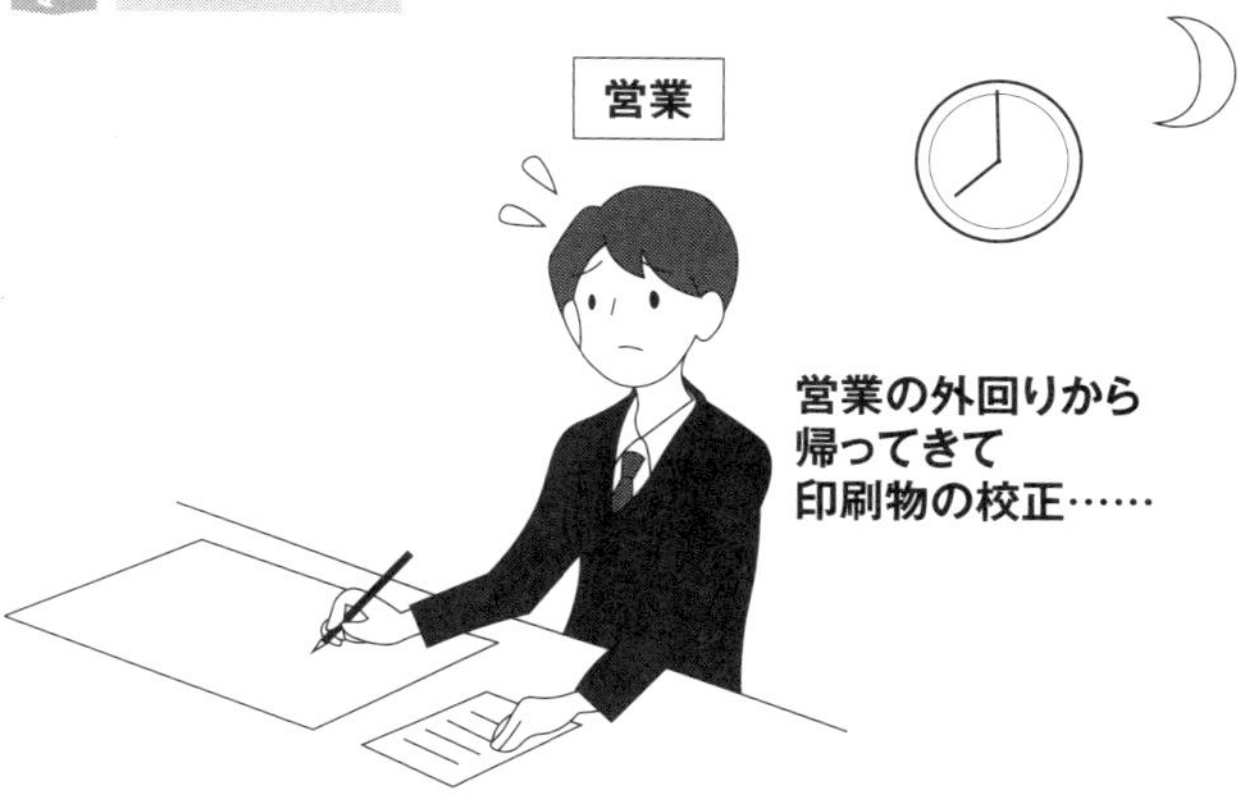

校正作業を
サポートに移行

今では……

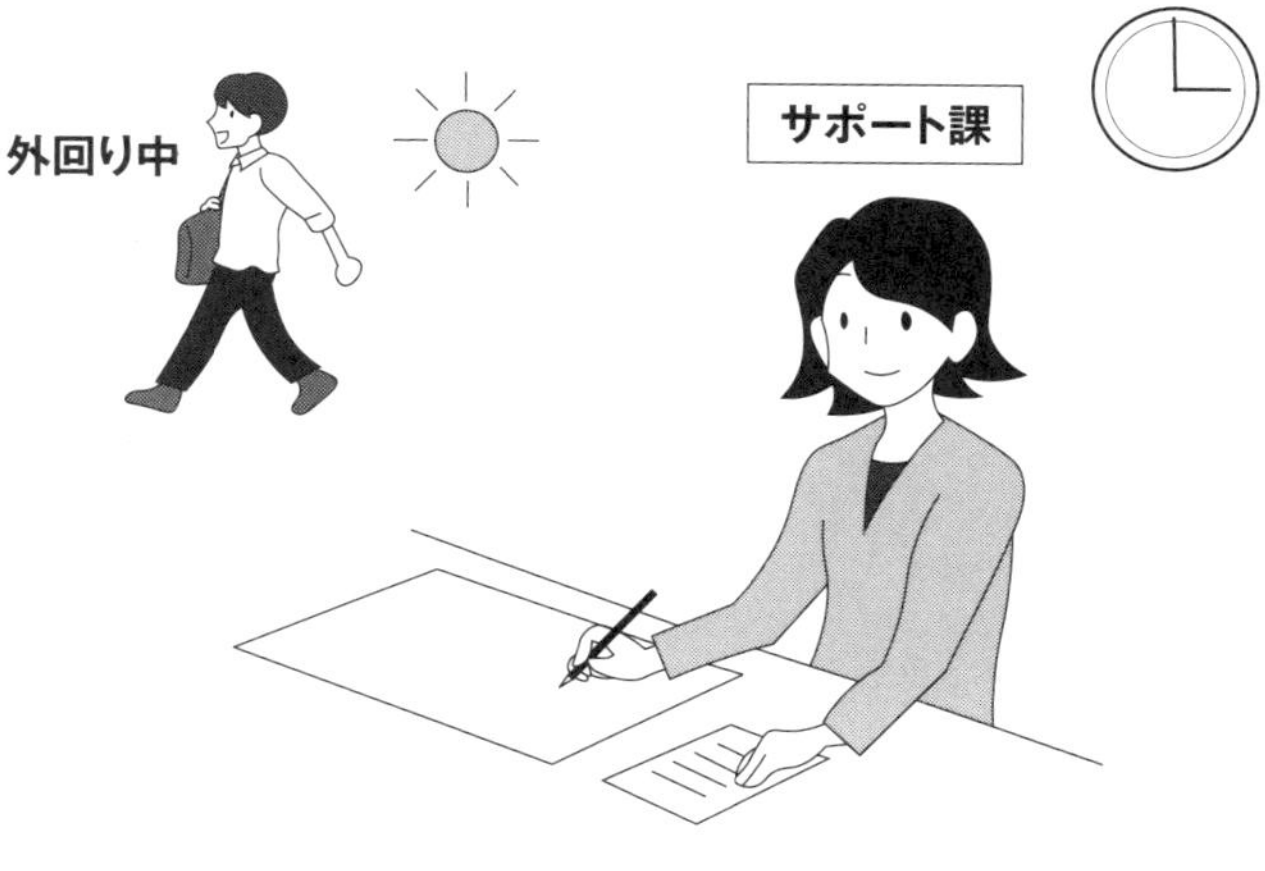

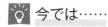

tips 65

ノー残業デーの曜日を決めて定時きっかりに退社できる組織体質に

残業をせずにすむ日だけ残業せずに帰るような体制では、なかなか残業は減らせません。曜日で「ノー残業デー」を決めるのは、そうした組織の体質改善にとても有効ですし、最初の取り組みとしてもやりやすいでしょう。ノー残業デーの設定は業種にもよりますが、水曜にしているところが多い。**「この日は残業ができない」と半ば強制的に決めることで、計画的に仕事を終わらせる意識**が芽生えます。また、定時退社の曜日が決まると、習い事などを始めやすくなるメリットも。**自分への投資やプライベートの時間が充実することで、モチベーションやスキルアップにつながり、結果として生産性も上がる**。

株式会社プリマベーラで84名もの部下を抱える根津さんもノー残業デーを取り入れ、ルーティン業務後の残業が当たり前になっていた組織の体質改善に取り組み、収益アップへとつなげました。

●実践者	根津典人
●社名	株式会社プリマベーラ
●業種	販売、小売、リユース
●部下数	84人
●仕事の内容	リサイクルショップなどの店舗を多数展開する同社において、事業部長代理として大勢の部下をマネジメント。

ノー残業デーでプライベートも充実

tips 66

規定時間超え社員は貼り出しとともにすかさず面談で現状をフォローし改善

定時を超えても熱心に仕事をしている部下と、定時にさっさと「お疲れさまでした」と涼しい顔で帰っていく部下。少し前であれば、前者の方が意欲的で見込みのある人材として評価した管理職も少なくないでしょう。一番大事なのは時間よりも仕事の質であるにもかかわらず。

リサイクルショップを多数展開している株式会社プリマベーラでも、日中はルーティンの業務が優先され、管理業務は定時以降に行うことが習慣化していたといいます。事業部長代理の根津さんは、残業を厭わないことで自分が組織に貢献していると思っている若手の意識を変えるべく、**規定時間を超えた社員の名前を貼り出す**ことにしました。評価されるどころか、不名誉な扱いです。もちろん貼り出しだけで終わるのではなく、きちんと**面談して現状をフォロー**、残業が増えている原因を把握して解決策を一緒に考え、もっと生産性の高い人材へと育てています。

●実践者　根津典人
●社名　株式会社プリマベーラ
●業種　販売、小売、リユース
●部下数　84人
●仕事の内容　リサイクルショップなどの店舗を多数展開する同社において、事業部長代理として大勢の部下をマネジメント。

規定時間超え社員をすかさずフォロー

以前は……

今では……

tips 67

クラウド型のアウトソーシングで効率的に組織を回す

流れのよい川に水が大量に流れていくのと同様、仕事を上手に回せるチームのところには延々と仕事が大量に流れ込んでくる傾向があります。それを自分たちだけで処理しようと抱え込みすぎると最終的にパンクします。

株式会社プリマベーラの部長・松田さんは、かつては、請け負った仕事は自分で処理をしなければいけない、という考え方をしていました。責任感の表れで、その決意自体は立派ですが、それによって抱え込みすぎてパンクして目詰まりを起こしては元も子もありません。

そこで、松田さんが利用するようになったのが、クラウドを使ったアウトソーシングサイト「ランサーズ」。**クラウド上で、求人側と求職側をつなぐ便利なサービス**です。全てを自分のチームで完結させようとして疲弊するのではなく、**効率的にアウトソーシングすることで、結果的に最大の資源である人材を損なうことなく生産性を高めていく**ことができました。

●実践者	松田隆宏
●社名	株式会社プリマベーラ
●業種	販売、小売、リユース
●部下数	4人
●仕事の内容	リサイクルショップなどを広く手がける同社の部長として経営企画や採用、社内教育などを担当。

クラウド活用で効率的に仕事を社外へ

以前は……

今では……

○社外アウトソーシングで分担!

tips 68

最新の測量機器の導入で若手社員1人でも現場対応が可能に

現場で仕事の効率を上げるには、それなりの設備投資は不可欠です。初期投資は大きくても、業務の効率化やマンパワーの削減など、費用対効果を見極めたうえで、しかるべきタイミングでしかるべき機材を投入する決断が必要です。

岩手の建設会社、小田島組の工務部長・高橋さんは、**自動追尾トータルステーションという測量機器1台の導入**に踏み切り現場で効果を確認、全現場導入へと至りました。これにより、**現場の測量や丁《ちょう》張《は》りを設置する際、かつては2人必要だった作業が1人でも可能**になりました。また、この**機器の導入によって熟練した技や難しい計算なども不要になり、若手社員に任せることができる**ようになりました。

設備は日進月歩で進化しています。どういったタイミングでその設備に費用を投じていくべきか、現場の人員を効率的に配置していくためにも、管理職には情報収集の努力と見極めの能力が求められています。

●実践者	高橋幸
●社名	株式会社小田島組
●業種	建設業
●部下数	7人
●仕事の内容	道路工事や防潮堤工事などの公共工事やIT関連事業を展開する同社にて、工務部長として現場を取り仕切る。

1人でも若手でも最新機器なら安心

以前は……

2名が必要だった測量現場

今では……

ワンマン測量が可能に!

自動追尾トータルステーション導入!

tips 69

24時間稼働の工場は仕事が山積み 代休や遅め出勤などで残業時間を圧縮

工場が24時間稼働しているコトブキ製紙株式会社。そのため、24時間どのタイミングで問題が発生し、現場にかけつけなければならないかがわかりません。取締役生産本部長として現場のラインを統括している山口さんは、残業時間数の把握を、その都度心がけていました。とはいえ、現場の課長職は、さまざまな問題解決や管理職としての事務業務などが山積し、加えて会社行事に関する仕事もこなしており、代休などで処理し切れない残業時間が長時間にのぼっていたそうです。

そこで山口さんは、**課長・部長職が処理している事務作業が本当に必要なものかを見直して**、できるものは簡略化、さらに、**日報処理といった作業は部下に任せる**など、仕事を効率的に割り振りました。また、**残業をした翌日は朝の出勤を遅らせ**たり、代休取得を促すなど、「休みやすい」「帰りやすい」職場の雰囲気づくりを心がけ、残業時間の圧縮につなげました。

●実践者	山口秀信
●社名	コトブキ製紙株式会社
●業種	製造業
●部下数	95人
●仕事の内容	家庭紙（トイレットペーパーなど）の製造販売を行う同社の取締役生産本部長として社内を統括。

24時間稼働の工場を残業せずに回すコツ

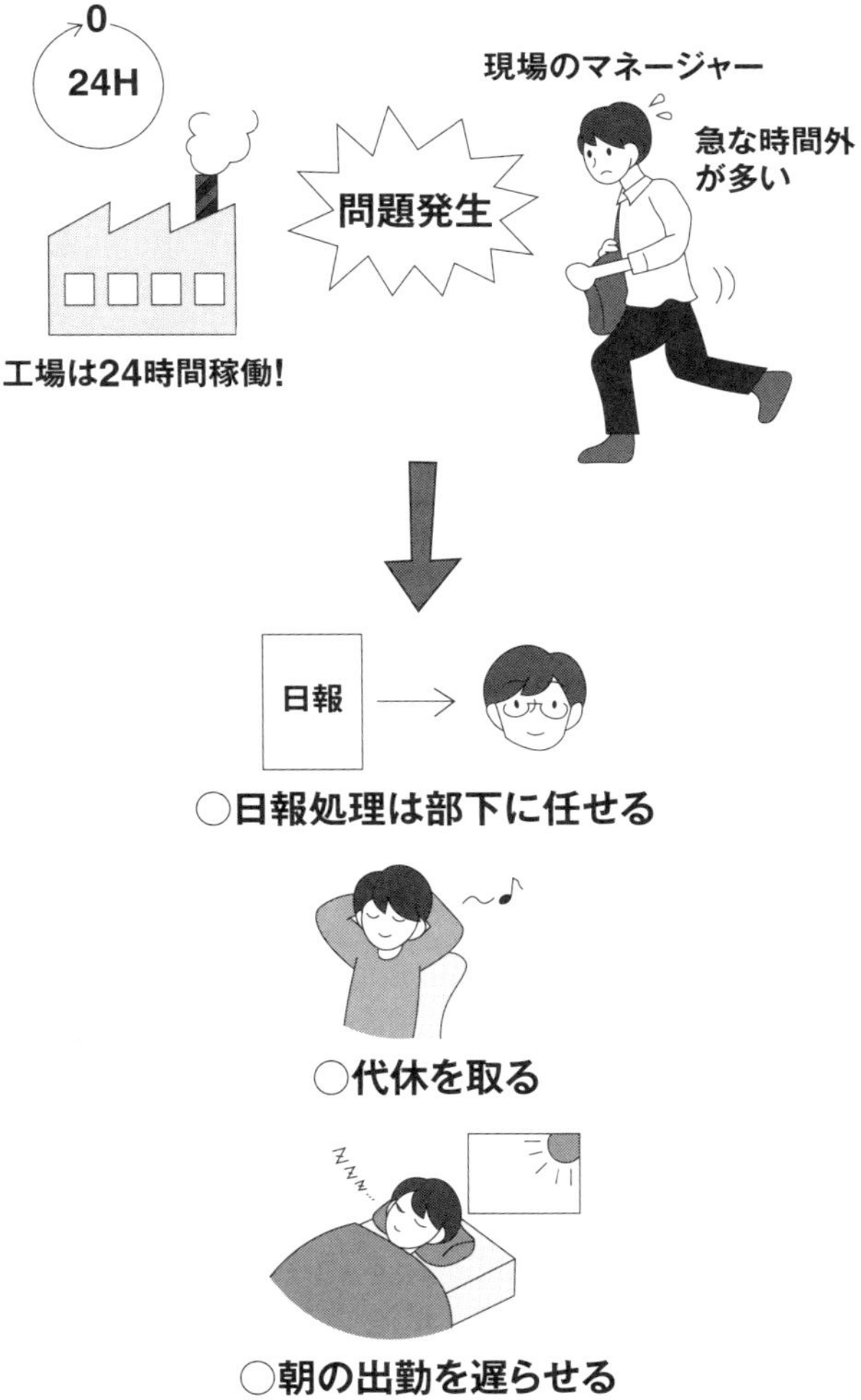

tips
70

ＡＩ調色カメラを導入して職人仕事を単純化
研修生にも作業を分担して効率アップ

自動車の外装修理は、もともとはキャリアを積んだ職人にしかできない仕事でした。特にボディカラーを合わせる調色作業は、とてもセンスが求められるもので、熟練の技が必要でした。一方で、多くの板金工場は人材不足により海外研修生の手を借りている状況が続いています。

ヤマヒロ株式会社の工場も同様で、ベトナム人の研修生が活躍していますが、このままの体制では入庫台数が増えている状況を処理できないと感じた工場長の石田さんは、**ＡＩ調色カメラの導入を決断**しました。それにより、**単純な作業ばかりしていた研修生でも調色を担えるようになり**、職人の抱える仕事を任せられるようになりました。実際、完成度は職人の調色レベルと何ら変わりはありませんでした。

ＩＴを活用することで、仕事に人をつけることに成功。作業の分担が進んだことで、工場は対前年で毎月１００万円の増益を達成しています。

●実践者	石田弘敏
●社名	ヤマヒロ株式会社
●業種	小売・サービス業
●部下数	3人
●仕事の内容	サービスステーション事業から自動車販売・レンタカーまで自動車関連事業を展開する同社の、自動車の板金・塗装工場の責任者。

ITを活用して、研修生でも職人仕事が可能に

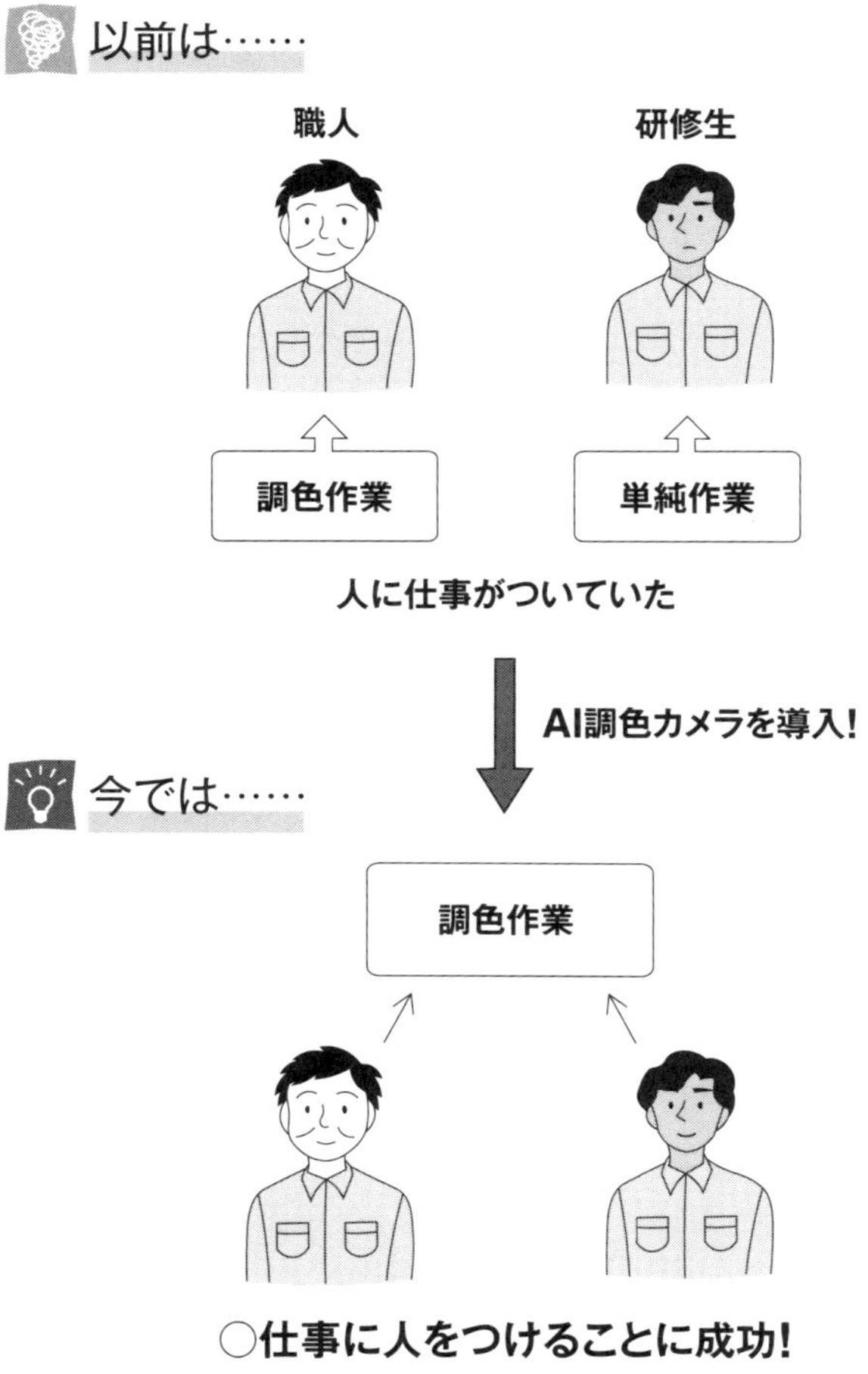

step7

小さな「工夫」を積み重ねて、大幅に時間を減らす

step7 小さな「工夫」を積み重ねて、大幅に時間を減らす

日常は新しい気付きで満ちている 工夫次第で残業はもっと減らせる

真似を着実に継続できる人が「優秀な人」

残業を減らして業績を伸ばしていけるチームの特徴は何か。

それは、他社・他部署の成功事例を上手に取り入れていることです。**成果が出ている取り組みを真似する。その中から見つけた小さな工夫を大切に積み重ねる。**これが残業を減らすための最良の道です。

業績不振の会社ほどオリジナルにこだわる傾向が強い。成果が出ていることを真似る方が、オリジナルな方程式を見つけ出すよりも、はるかに確実でリスクも少ないのに、不思議なことです。

まずは、ここに紹介している事例を1つずつ実直に真似してください。**身の回りで風景と化していることの中に、どれほど工夫のタネが眠っていることか**、気づくと思います。

まずは1年間、すぐにできそうな事例を選んで、しっかりと継続してみる。それで、成果が出てきたのを実感できたら、次は、2年目にやれる真似に取りかかる。それができたら3年目。そうした**ステップを着実に継続できる人が、本当に「優秀な人」**です。

このステップでは、すぐにも取り組めそうな事例を集めました。ぜひチームで真似てみてください。

残業が少ない人の働きぶりにヒントがある

真似るべき事例は、身近にも存在しています。

社内で早く仕事を終えている人の動きを観察してみましょう。**残業が少ない人の働きぶりの中には、何らかのヒントがあります**。いつも早く帰るAさんは、事務所に上がってくる前に倉庫で整理をしていた、など、成果の出ている人のよい事例を見つけたら、早速チームで取り入れてみましょう。その**成功事例を自分1人のものにせず、チームで横展開**することが重要です。

武蔵野は、「バスウォッチング」という見学勉強会を行っています。1日かけて全支店を見て回りながら、見学した支店の取り組みの中で、1つ以上の発見を持ち帰り、それを実行させるものです。

これまでの「バスウォッチング」でも、「お客さまとの約束を、週ごとに色分けしてポストイットで貼っていた」「部下の評価基準を明記して壁に貼っていた」など、他の現場を見学することで、参加者はそれぞれ、さまざまな気づきを得ています。

仕事を効率的に進めている人のモバイルの使い方。デスク回り。壁の使い方。カバンの中。ロッカーの中。退社10分前の時間の使い方。ヒントはあちらこちらに転がっているではありませんか。

成果を挙げている人の方法を、どんどん真似をしていきましょう。真似は何も恥ずべきことではありません。**真似も長年続けていれば、それはもはや自分のオリジナルな方法論**になっています。最初からオリジナルであることにこだわる方が、自分本位なご都合主義だと肝に銘じるべきです。

新人の素朴なつまずきを大切にしよう

なぜ口は1つで耳は2つついているか、わかりますか？　自分が話しをする2倍、人の話を聞くためです。特に、チームをマネジメントする立場の人は、相手の話をしっかり聞く姿勢が重要です。

新人の声には、ことさら熱心に耳を傾けるべきです。新人には、あらゆるものが新しく、まだ何も風景と化していないからです。**新人の素朴な疑問、小さなつまずきが、実は効率化の大きなヒントになる**ことが少なくありません。

新入社員が、仕事の「当たり前」がわからずにミスしている原因を探ってみたら、もっと効率的で簡単な方法論が見つかった、などということが珍しくありません。

私たちは、つい、自分たちの業界の狭い常識にとらわれがちになります。ベテランともなれば、なおのことです。話を聞くよりも語っている。しかし、それでは小さな工夫は生まれません。

チームをマネジメントする方は、現場の声にしっかりと耳を傾け、日々の小さな気づきを大切に、工夫を積み重ねて結果を出していきましょう。

tips 71

常識になっていた発注時間を少し繰り上げるだけで残業を削減

ルーティンを見直すためには、あらゆるところにアンテナを張っておくことが重要です。今回の事例は、株式会社武蔵野の支店における、内勤の人たちの商品発注の時間。以前は16時45分になったら発注すると決まっていたけれど、発注後の仕事も多く、定時の17時に帰ることが難しくなっていました。そこで営業課長の船田が決断したのは、**それまで当たり前になっていた発注時間を16時に繰り上げる**こと。

「ギリギリまで待って、できるだけ集約してから発注する」ことと、「45分待つことによって日々発生する残業」とを天秤にかけたところ、内勤の人たちが余裕を持って定時に帰れるように発注時間を組み直す方が、会社にとっても働く人にとっても望ましいとの結論に至った。その結果、内勤の人たちはほぼ定時に帰れるようになりました。**ルーティンになっていたことの合理性を疑い、少し工夫するだけで残業を大幅に減らせる**こともあります。

●実践者	船田計
●社名	株式会社武蔵野
●業種	クリーンサービス
●部下数	8人
●仕事の内容	営業課長として国分寺支店のホームサービスを担当。内勤やルート営業のメンバーたちを管理統括している。

習慣になっていた 発注時間を少し繰り上げて残業ゼロ!

以前は……

発注時間の繰り上げ

今では……

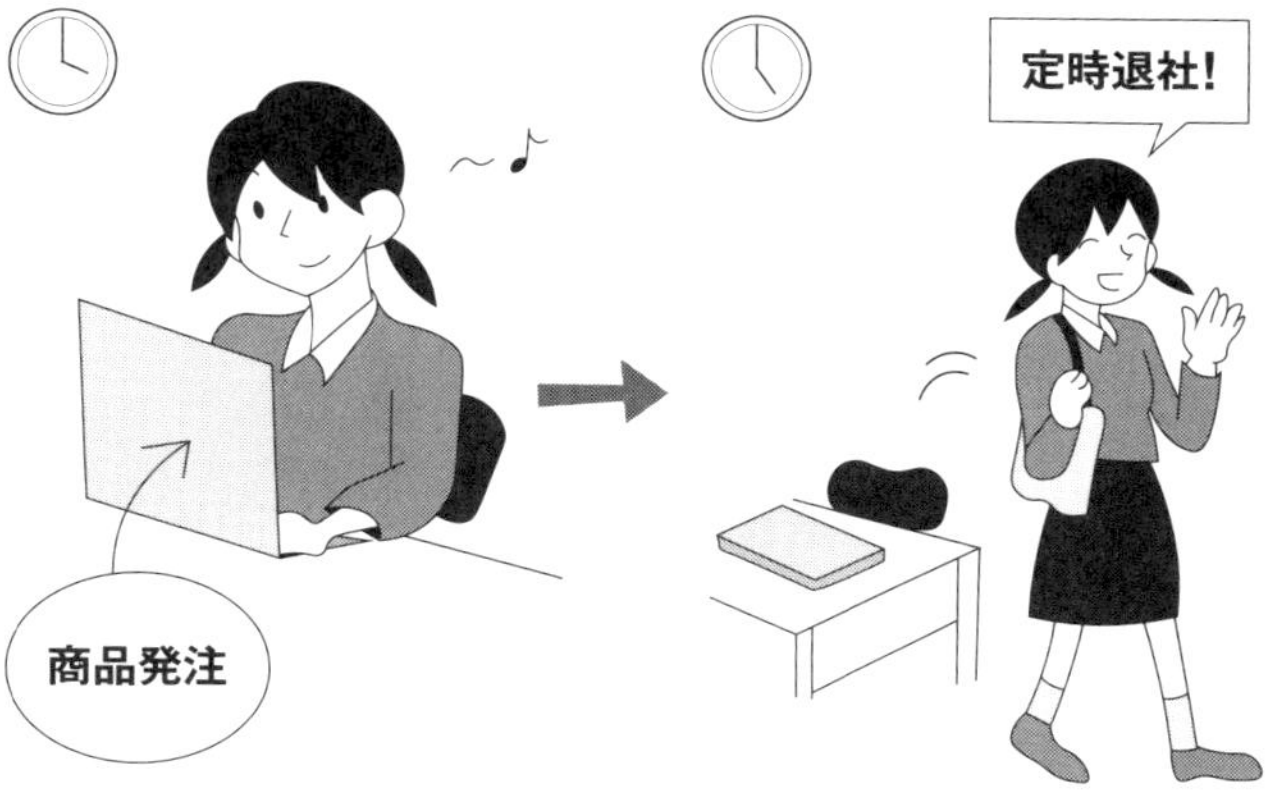

tips 72

現場に行く際には乗り合いでなく自分の車で移動も効率的に

効率的に仕事を進めるうえで大切なのはフットワーク。椅子のうえでダラダラ仕事をしていた人が、椅子を撤去したとたん成績が伸びた、という事例は少なくありません。5分で終わる作業も、椅子に落ち着くと15分かかってしまう。それが人間です。

フットワークを軽くするために「移動手段」に一工夫したのが、株式会社瀧神巧業の第2工事部課長・藤井さんです。かつては、現場に行く際、乗り合い車両を使っていたのを一切やめて、自分の車で移動することにしました。乗り合いは、全員の仕事が終わらなければ、次の場所へ移動できません。必然的に待ち時間が長くなります。

でも、**自分の車両で現場へ行けば、自分の予定通り、好きな時にサクサクと移動できる**。燃料費をケチって時間を浪費するのか、ちょっとした燃料費をかけて貴重な時間のムダを省くのか。賢明なリーダーならばわかるでしょう。

●実践者	藤井泰俊
●社名	株式会社瀧神巧業
●業種	建設業
●部下数	8人
●仕事の内容	総合建設業の同社において、第2工事部課長として、建築工事や土木工事を担当している。

移動する時は自分の車でフットワークよく

以前は……

今では……

tips 73

部下が残っていても先に帰ることで時間外を意識させる

日本の企業文化は、「誰かが残っていると先に帰りづらい」ものがあります。その「誰か」が上司であればなおのことです。

瀧神巧業の常務取締役・藤原さんは、かつては、自分の仕事が終わっても、現場から帰ってくる部下を待ち受けて部下のさまざまな相談に乗り、部下がみんな帰るのを見届けてから、会社を施錠して最後に帰っていたといいます。つまり、かなりの残業を自ら率先していたことになります。

しかし、今の藤原さんは違います。基本的に、相談事がありそうな部下にまとを絞って相談に乗り、**まだ部下が残っていても先に帰ります**。相談事がありそうな部下を見抜けるのは、普段から、仕事を「見える化」しているからですね。そして、部下の相談に乗ったうえで先に帰る。それによって**帰りやすい雰囲気**をつくっています。それは、裏返せば**「時間外にいづらい雰囲気」をつくること**でもあるとも言えます。

- 実践者　藤原達朗
- 社名　株式会社瀧神巧業
- 業種　製造業・建設業
- 部下数　43人
- 仕事の内容　総合建設業の同社において、常務取締役として、会社全体を総括している。

先に退社し、部下が帰りやすい雰囲気づくり

以前は……

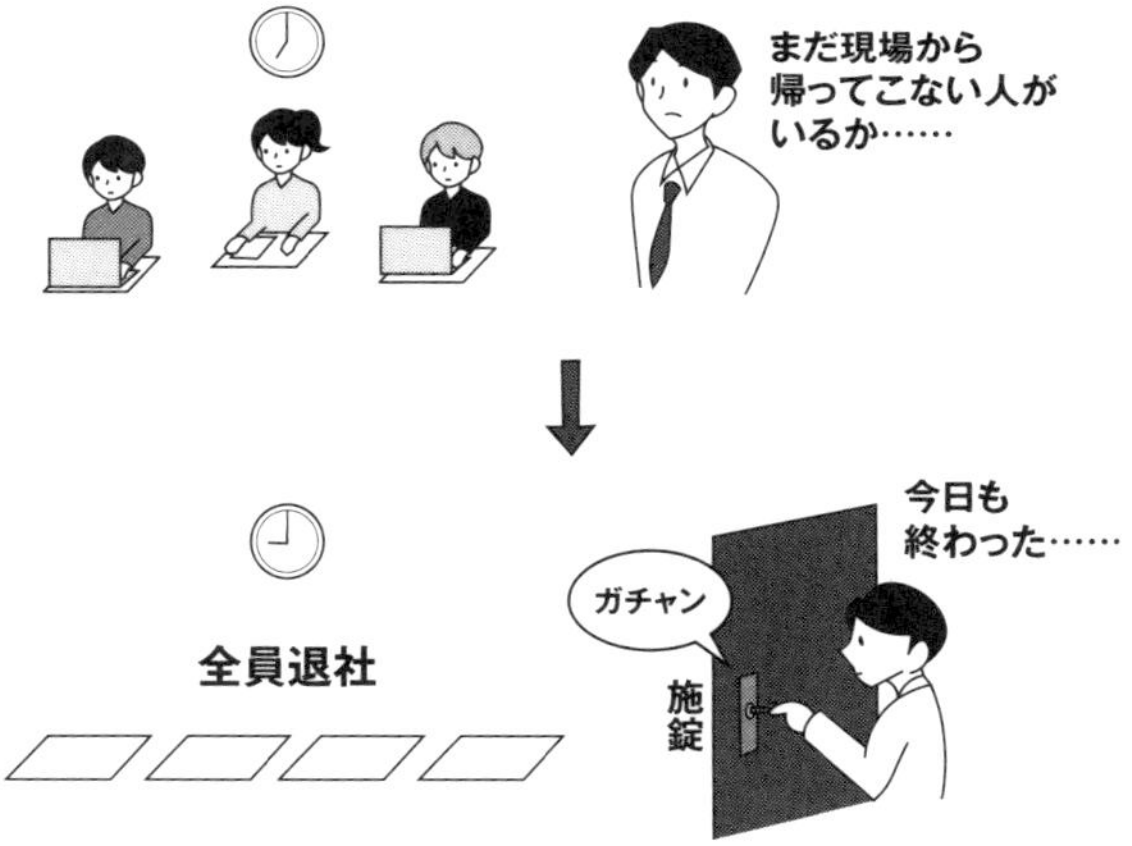

今では……

tips 74

16時までの事前申請を徹底 時間と理由も厳しくチェック

いつのまにか定時を過ぎて今日も残業……。これが最も悪いパターンだと、繰り返し述べています。「残業せずに今日のタスクを終わらせる」意識をベースに持つべきです。

株式会社モリチュウは、かつては残業を前もって申請するシステム自体が存在しませんでした。残業してタイムカードを押し終わってから、「残業時間届」という一覧表に自分の残業時間を書き込むだけの事後報告システムでした。これでは本当に必要な残業だったのか適正な時間だったか、誰にもチェックできません。

そこでモリチュウは株式会社武蔵野が開発したアプリ**「スピード決裁」（242ページ）を使った「残業時間の事前申請」をルール化**。16時頃までに残業時間と理由を明記して申請するシステムを確立。**事前に申請することで、「本当に残業が必要か」、残業するのであれば「何の業務をどれくらいの時間でやるのか」をそれぞれが意識**するようになりました。

●実践者	吉田智美
●社名	株式会社モリチュウ
●業種	製造業
●部下数	3人
●仕事の内容	お客さまからの問い合わせ対応や受発注、納期調整や出荷手配といった総務・経理・事務の全般を担当。

残業は事前申請で時間と理由をチェック!

以前は……

今では……

tips 75

「残業前提になってない？」常に目に入る位置に問いかけ文句を

長年染みついた意識を変えるのは、誰にとっても困難なことです。今日のタスクが終わらなければ終電ギリギリまででも厭わない、そんな企業戦士の意識を変えるには、日常的な小さな工夫の積み重ねがとても大事です。

株式会社プリマベーラの総務部長、津久井さんは**日常的に目に入る位置に「残業前提で仕事していませんか」と貼り出し**ているそうです。「終わるまで残業すればいい」あるいは「終わりの時間を意識するのが苦手」といった思考に、常に問いかけてくるインパクトある言葉ですね。

もう1つ、津久井さんが日課に取り入れている工夫が、**退社予定の1時間前に仕事を終わらせ、最後の1時間は今日の業務の振り返りと明日以降の予定を組む**時間に当てること。退社間際は何かとバタバタしがち。慌てて仕事を片づけると翌日の仕事始めにも差し障りが出ます。翌朝の仕事をスムーズに始められるよう予定組みを明確にして仕事を終える。理想的な習慣ですね。

●実践者	津久井豊
●社名	株式会社プリマベーラ
●業種	販売、小売、リユース
●部下数	5人
●仕事の内容	リサイクルショップなどを広く手がける同社において、総務部長として労務管理や経理関係から人事全般までを統括。

日々の業務の中に残業ゼロの意識を落とし込む

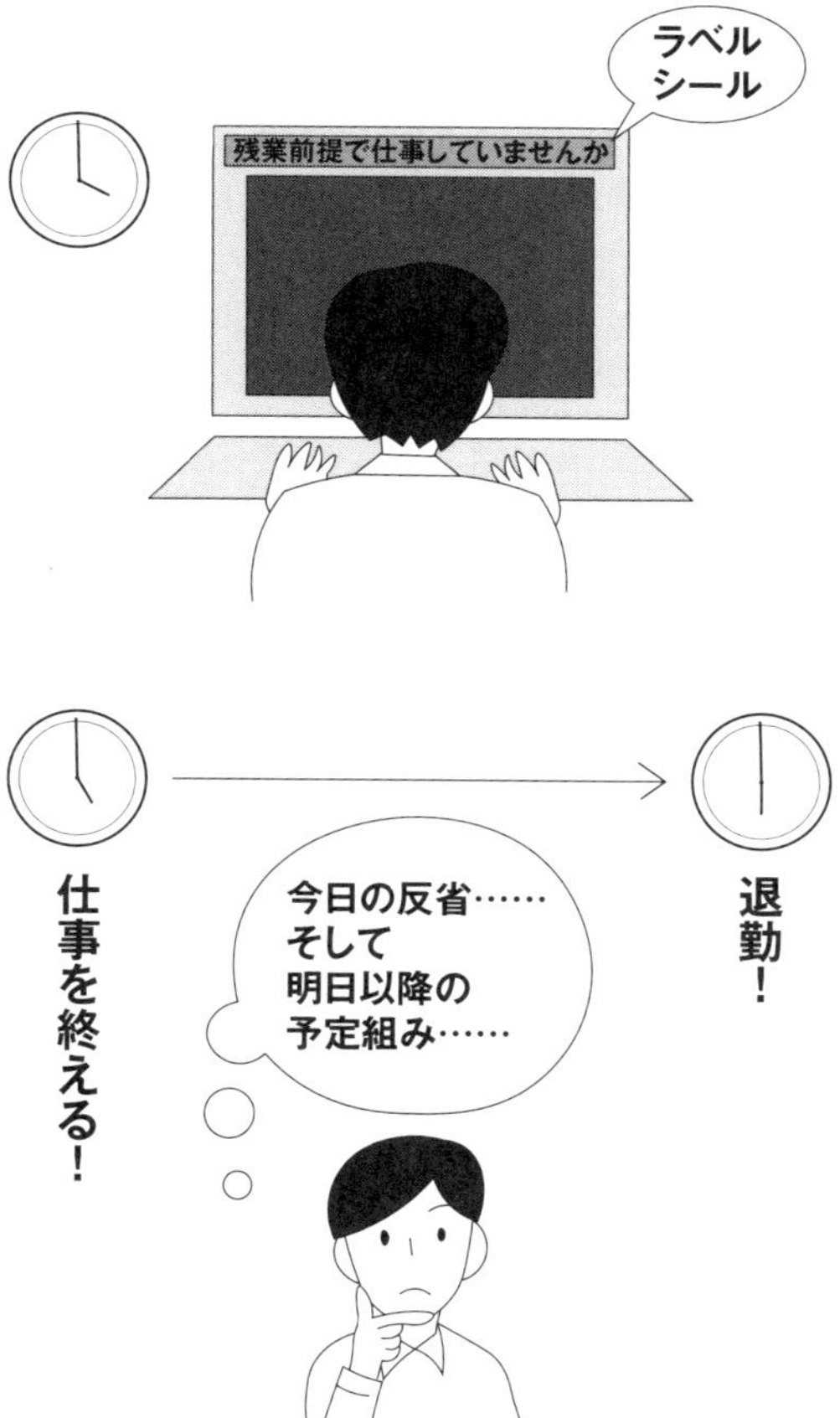

tips
76

ユーザー辞書登録機能を活用して入力作業の時間を一気に短縮

誰にでもできるシンプルな時短技をご紹介しましょう。知られた機能ではありますが、意外と毎日の業務に追われて使いこなしていない人もいる。

それは、株式会社プリマベーラの部長・松田さんがやっている、**パソコンの「ユーザー辞書登録機能」の活用**です。さまざまな種類の原稿を書いている人はさておき、多くの人の場合、**自分の職種、業種の中で使う頻度の高い言い回しや言葉はある程度限定されるもの**です。あるいは、クライアントなどの固有名詞、個人名なども使用頻度の高いものに挙げられるでしょう。

これらの言葉を辞書登録しておけば、例えば、「り」と入力して変換すれば「いつもご利用いただきありがとうございます」「ぷ」と入力すれば「(株)プリマベーラ」と社名が出てくる、といった具合に、入力作業を一気に簡略化できます。**登録の一手間、頻度の高い言葉をリストアップする一手間さえかければ、その後の作業を一気に短縮できる**ので、おすすめです。

●実践者	松田隆宏
●社名	株式会社プリマベーラ
●業種	販売、小売、リユース
●部下数	4人
●仕事の内容	リサイクルショップなどを広く手がける同社の部長として、経営企画や採用、社内教育などを担当。

かなり使える「辞書登録機能」!

ユーザー辞書登録機能

入力		自動変換
り	→	いつもご利用いただきありがとうございます
ぷ	→	(株)プリマベーラ
かんしゃ	→	日頃よりご愛顧いただき有難うございます
ほうこく	→	標題の件につき、下記の通りご報告いたします

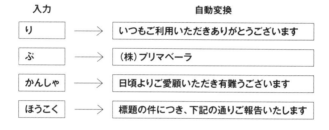

tips 77

グーグルのブックマーク活用でルーティン作業をフレーム化

管理職でなくても、一定の年齢層の人の中には、ウェブブラウザの機能を十分に使いこなすことのできない人たちが少なくないので、ぜひ紹介したい時短の工夫です。それが、株式会社プリマベーラの部長・松田さんが活用している「グーグルのブックマーク」。ブックマークを知っている人も多いと思いますが、そのブックマークの並べ方などを工夫して使いこなしているでしょうか？

松田さんは、**ルーティンの業務の流れに沿ってブックマークを効率的に組みました**。通常のルーティンな仕事は、そのブックマークを辿《たど》っていけばよいようにしました。イレギュラーな仕事は日々常に発生します。それらにしっかりと対応するためにも、**想定内のルーティンの仕事はできる限り整理して合理的に業務を流せるよう効率化すべき**です。**ブラウザ上の作業の流れのフレーム化に、グーグルのブックマークはシンプルかつ最適なツール**といえるでしょう。

●実践者	松田隆宏
●社名	株式会社プリマベーラ
●業種	販売、小売、リユース
●部下数	4人
●仕事の内容	リサイクルショップなどを広く手がける同社の部長として、経営企画や採用、社内教育などを担当。

ブックマークを順次クリックで ルーティン完了

① 朝最初に確認するサイト

↓

② データ入力するGoogleドライブ

↓

③ 報告を入力するクラウド

↓

④ プロジェクトの進行管理ボード

○Googleのブックマークで
ルーティンの仕事をフレーム化

tips 78

KPIシートで残業数を見える化し お客さまからの理解も深める

業績評価の指標であるＫＰＩシート。いわゆる組織の目標達成の度合いを見るためにそれぞれの企業が定める指標が書かれたものです。株式会社小田島組は、現場ごとにこのＫＰＩシートを作成。さらにこれをお客さまにも見える化しました。**お客さまの目から小田島組の現場社員の残業時間数がわかるようにした**。社内で残業数を見える化する取り組みは少なくありませんが、お客さまにも見える化するのはユニークな取り組みです。

これにより、小田島組は残業削減に取り組んでいる姿勢を明確に理解してもらえ、訪問先で「今月はちょっと残業が多かったですね」「来月はもう少し減らせるようにしますので、よろしくお願いします」といった会話も交わせるようになりました。さらに**17時半以降は、急ぎの場合を除き、直接電話をするのを控えるといった配慮もしてもらえる**ようになったといいます。よい形で**クライアントを巻き込んでいく**ことも、残業削減のための大切な取り組みです。

●実践者	高橋裕司
●社名	株式会社小田島組
●業種	建設業
●部下数	7人
●仕事の内容	道路工事や防潮堤工事などの公共工事やIT関連事業を展開する同社にて、工務部長として現場を取り仕切る。

お客さまの配慮もいただける「残業見える化」

○KPIシートでお客さまへ残業時間の見える化

tips
79
移動の際は助手席に座り、連絡やチャットワーク確認などの作業時間に

取引先などを回る時の移動の車中も、貴重な勤務時間です。つい気を緩めてしまいがちな隙間時間を上手に活用するといったコツコツとした積み重ねが、残業時間の削減につながっていきます。

株式会社ダスキン諏訪で家庭用の掃除や家事代行サービス部門を担う課長の野田さんも、お客さまを訪問する移動中の時間をムダにはしません。そのためにも、野田さんはスタッフと一緒に移動する際、**運転席ではなく助手席に乗るように心がけて**います。**移動中に、スタッフ間の情報共有ツールであるチャットワークを確認したり、お客さまへの電話連絡を行う**など、時間を有効に使うことで仕事を滞らせることなく円滑に進めるようにしています。

上司の背中をスタッフは見ています。助手席でウトウトと眠っては、チームの気持ちも緩んでしまう。わずかな隙間時間もムダにしない上司の姿に、スタッフの背筋も伸びるに違いありません。

●実践者　野田久美子
●社名　株式会社ダスキン諏訪
●業種　クリーンサービス
●部下数　7人
●仕事の内容　家庭用の掃除や家事代行サービス業務の課長として、現場スタッフのマネジメントを担う。

移動途中は助手席で業務の時間

○移動は助手席!

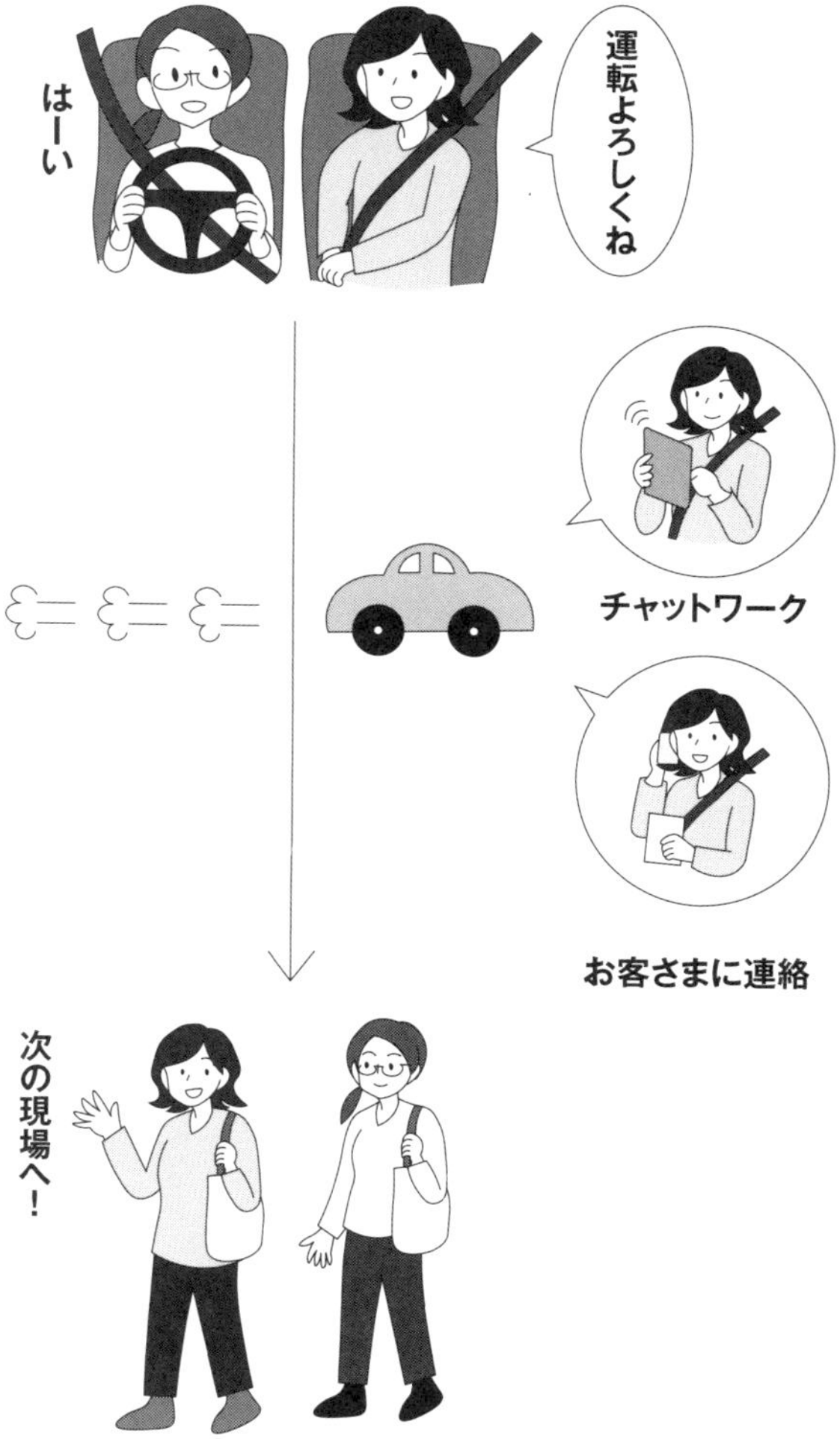

tips 80

椅子を置かずにフットワーク改善 部下との面談も1人10分で

残業削減、時短勤務のために大切なのが、フットワークの軽さ。椅子に座っての作業と、座らずに立ったままでの処理。そこに「落ち着いて」しまうか否かで、処理のスピードは格段に違ってきます。パソコンの前が定位置になると、資料作成や報告書作成もついダラダラになりがち。でも、立ったままであれば、1分でも早く片づけてしまおうと集中します。

株式会社ダスキン諏訪のビジネスサービス部長・小池さんは**椅子を置かずに社内業務を行っています**。**椅子をなくしたところ、フットワークが著しく改善**したといいます。

1日のスケジュールも退勤時間からの逆算で、予定した時間内に業務を終わらせる意識が強く働き、動きにムダが出ません。**部下との面談も1人10分**と決めています。長々と時間をかければいい話ができるわけではありません。終わりが決まっているから、その1分1分にお互いが集中できます。

●実践者	小池浩之
●社名	株式会社ダスキン諏訪
●業種	クリーンサービス
●部下数	14人
●仕事の内容	クリーンサービスを行う同社においてビジネスサービス部長として現場スタッフを統括している。

椅子なし、面談10分、フットワーク軽く!

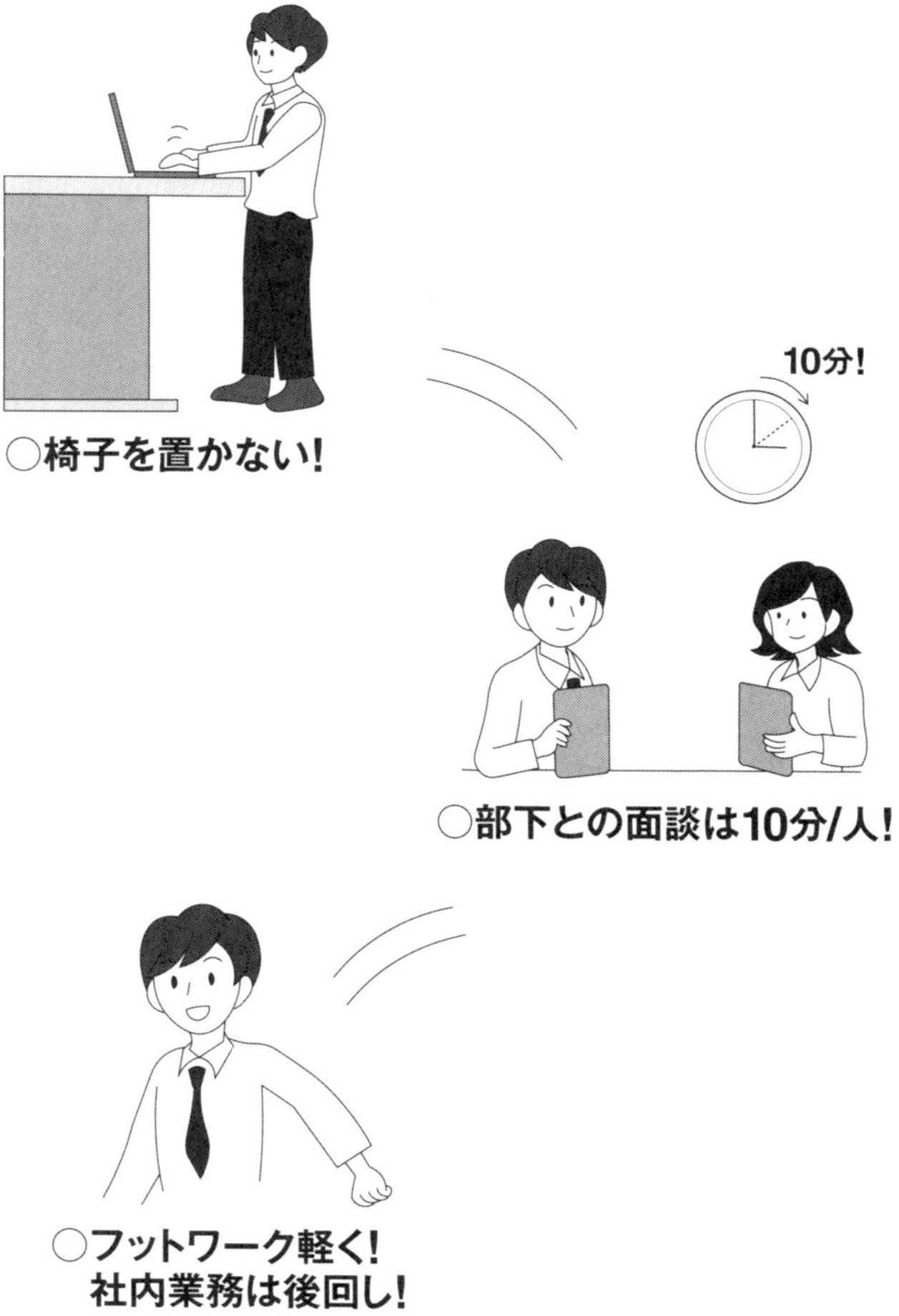
○椅子を置かない!
10分!
○部下との面談は10分/人!
○フットワーク軽く!
社内業務は後回し!

tips 81

遅い時間に依頼された業務については翌日でもよいか確認する

効率的に仕事を進めるために、漫然と目の前の仕事をこなしていくのではなく、時間の使い方を常に意識し、終わりの時間を決めて計画的に進めていくことが重要です。それでも、イレギュラーな仕事や想定外の問題などは常に発生します。予定外の仕事が飛び込んでくるたびに、それに振り回されては、仕事はまともに進行していきません。想定外の案件をいかにさばくのかも、生産性を落とさずに働くための重要なポイントです。

株式会社ぱそこん倶楽部の課長・狩野さんは、**遅い時間に業務を依頼された場合に、その日にやろうとせず、翌日でよいかを確認**しているといいます。大切なのは、きちんと確認すること。確認もせずにイレギュラーな追加の案件を抱えてむやみにあたふたしては、通常業務の進行に大きな支障が出ます。よほど緊急性の高い案件でない限り、遅い時間の仕事は翌日の計画へ回す。その基本の姿勢が大切です。

●実践者　狩野渉
●社名　株式会社ぱそこん倶楽部
●業種　小売業
●部下数　2人
●仕事の内容　パソコン関連機器の整備・販売を行う同社において、課長として総務全般と経理全般を担う。

遅い時間の仕事は基本「翌日へ」

**○遅い時間に依頼された業務は
その日にやり切ってしまおうとしない**

tips 82

前日に具体的な作業計画を作成 連続3日間の残業を禁止

かつて、株式会社ぱそこん倶楽部の販売リーダー・宇都宮さんの職場では、1日の作業量が決まっておらず、各自が自分でやりたいことを決めて勝手に仕事をしている状況だったといいます。そのため、目標の期限や終了時間もなく、残業も行き当たりばったりに発生する状態でした。

そこで宇都宮さんは、**前日に具体的な作業計画をつくって、誰が「何」を「何時」までに「どれくらい」やるのかを管理**するようにしました。さらに、残業時間を1カ月合計20時間までと決め、**連続で3日間行うことを禁止**。毎日残業できなくなったことで、行き当たりばったりの働き方から、計画的に効率よく動く環境へと変わっていったそうです。また、作業途中で進捗を確認、報告させたため、進捗が遅い場合には臨機応変に人員の配置を変えたり、人員を投入できるようになりました。このような柔軟な対応によって、目標時間に終業できる体質へと変わっていったそうです。

●実践者	宇都宮和貴
●社名	株式会社ぱそこん倶楽部
●業種	小売業
●部下数	5人
●仕事の内容	パソコン関連機器の整備・販売を行う同社にて、リーダーとして販売の現場をマネジメントしている。

連続3日間の残業禁止!

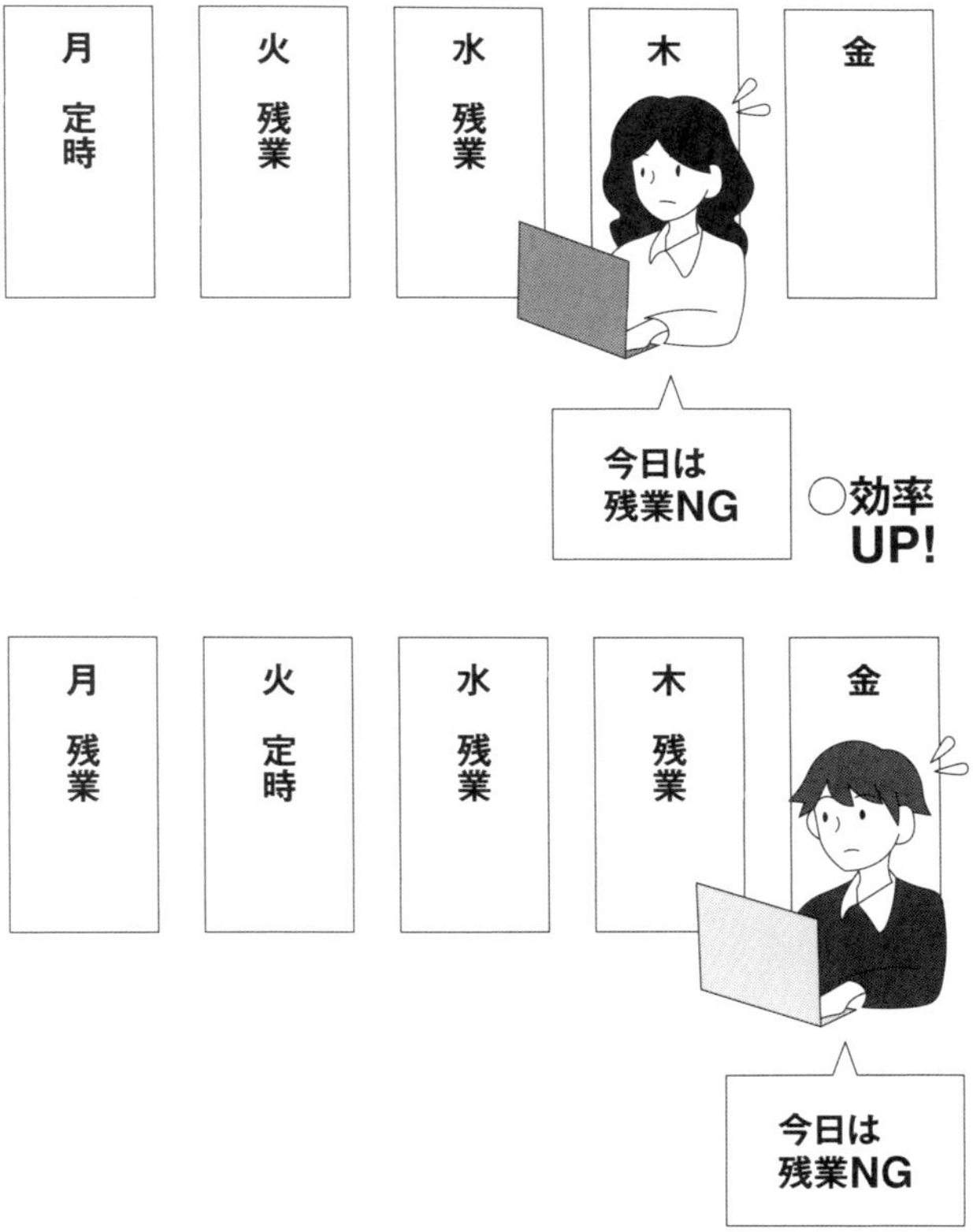

tips
83

1人15分の「がんばるタイム」受注業務をストップさせて作業に集中

どんなに、ムダを省いて効率化！と唱えても、人間の集中力は無限に続くわけではありません。最大限の集中力が持続できる時間は、個人差もありますが、せいぜい1時間ではないでしょうか。1時間集中力をキープするだけでも、なかなか大変なことです。おしゃべりも一切せず、諸用からもシャットダウンして、ある**作業だけに没頭する時間を意図して毎日つくる**。それが「がんばるタイム」です。

名古屋眼鏡株式会社も、**コールセンターのリーダーが話し合い、「がんばるタイム」を取り入れました**。四六時中お客さまからの電話対応に追われるコールセンターで、1人ずつ交代で15分の「がんばるタイム」に入ります。この間はお客からの指名の場合を除き、**電話を取る必要もありません。受注業務以外の処理作業に没頭する**時間です。つい後回しになりがちな処理業務の時間を捻出することで、仕事にメリハリがつき、残業も減らすことに成功しました。

●実践者	コールセンターリーダー（4人）
●社名	名古屋眼鏡株式会社
●業種	卸売業
●部下数	15人
●仕事の内容	眼鏡関連用品の企画販売、卸を行う同社にて、顧客からの受発注を受けるコールセンター業務をマネジメント。

1人15分の「がんばるタイム」で作業に没頭

誰でもすぐに使える
「残業ゼロ」を実現させるための
お役立ちITツール

fon fun SMS

パソコンから携帯電話にSMS（ショートメッセージ）を配信できるサービスです。1件から一斉配信可能で、簡単・スピーディに相手にメッセージを届けることが可能。武蔵野では「いけいけナンバー」を導入、ダスキンのお客さまに「明日が交換日です」と自動配信することで、連絡が難しかったお客さまにもスムーズに連絡が取れるようになり、業務の効率化を実現しました。

ファイルメーカー

データベースを管理するためのソフトウェア。データを管理するのに「エクセルに入力してシートで管理」など、パソコンを使いつつもデータ管理の方法論はアナログのまま、という企業が少なくありませんが、そんな会社におすすめなのが、この「ファイルメーカー」。自分たちが管理したいデータを管理しやすいフォーマットでデータベースに構築していける便利なツールです。特別なプログラミング知識などは一切不要、使いやすいインターフェースで、データの入力やデータ共有、データ処理のフォーマット化なども自分たちのやりやすいようにカスタマイズできます。データの並べ替えや検索も簡単に行えるので、顧客管理などにも最適です。

チャットワーク

一部無料

チャットワークとは、クラウド型の会議室。つまり、クラウド上でのコミュニケーションツールです。ビデオ会議もできるので、遠方の人たちとも顔を合わせながら言葉を交わすことができます。グループを作っておけば、グループ内のチャットもさかのぼって確認できるので、言った言わないといったトラブルも防ぐことができます。その他、ファイルを共有したりタスク管理ができるなど、その機能は多彩。タスク機能を使うことで、特定の人に仕事を割り当てることができ、タスクの完了・未完了も一目でわかります。仕事全体を「見える化」するのに最適なツールといえるでしょう。今や13万5000社以上が導入しているという人気のアプリケーションです。

グーグルドライブ（スプレッド・ドキュメント）

一部無料

グーグルのアカウントを持ってさえいれば誰でも使用できるツールです。オフラインが前提のワードやエクセルといったアプリケーションとは異なり、オンラインで操作することが前提です。使い勝手がよく、ワードやエクセルとの互換性もあるので、エクセルデータをアップロードしたのちにスプレッドで開くとグーグルスプレッドデータに、ワードデータもグーグルドキュメントに自動的に変換してくれます。オンライン上にも自動で保存してくれるので、複数の人が同時にアクセスしながら、一緒に編集作業を進めていくことも可能。データの先祖返りやデータの重複といったトラブルを防ぎ、リアルタイムでデータを共有できる便利なツールです。

エバーノート

一部無料

気がつくと、机の上がメモだらけ……などということはありませんか。日常的な業務において、ノートにメモしておきたいことは山のようにありますが、書いては捨てて、書いては捨てての繰り返し。必要なメモがすぐに見つからず……などという時間的なロスも少なくありません。これらのメモをクラウドで一元管理できるウェブサービスが「エバーノート」です。自分だけのメモ帳をクラウド上で管理、タグづけなどすることで必要なメモを瞬時に取り出すことができる他、共有機能もあるので、効率的な情報シェアが可能に。個人向けの無料プランもありますが、社内利用する場合はアップロードが大容量になる「プレミアムプラン」がおすすめです。

ドロップボックス

一部無料

クラウド上にデータを保存できるサービスです。クラウド上に保存することで、データ破損などのリスクを避けられる他、ネットにさえつながれば、いつでもどこでも自分のデータを確認できます。ドロップボックスをウェブブラウザで開くこともできますが、ＰＣとの連動で直接ドロップボックス上にデータを保存することも可能です。項目ごとに共有リンクを発行することで、特定のデータだけを複数の人と共有することもできます。個人向けプランと、ビジネス向けの有料プランがあります。ビジネスプランにも、容量に上限のあるものや、必要に応じて容量を増やせるプラン、ファイル復元期間が長期になるものなど、プランによって料金が異なります。

キントーン

ソフトウェア開発会社のサイボウズが提供するクラウドサービスです。特別なスキルや知識は不要、マウスだけで自分たちに必要なビジネスアプリを作成することができることから、６０００社以上の導入実績を誇ります。作り出せるアプリは、顧客管理からクレーム管理、日報アプリといったものから、見積書や契約書の作成アプリまで自由自在。日報アプリにはコメント機能もついているので、日報に対するリアクションも簡単に共有できます。また、既存のエクセルファイルを読み込むだけで顧客管理アプリが完成するなど、操作も簡単。さらに、ジャバスクリプトなどを使うことで、高度な開発を行い、基幹システムを構築することも可能です。

タッチオンタイム

本社だけでなく、本社から離れた複数の事業所ともインターネットでつなぎ、専用のサーバーで集中管理できるクラウド型の勤怠管理システムです。本社で一元的に全ての事業所の勤怠状況をリアルタイムで確認できるのです。新たに専用の機器を導入する必要はなく、現在業務で使っているＰＣをそのまま使用できます（打刻用のリーダー端末は必要です）。勤怠管理だけでなく、シフトの管理も可能。勤怠情報を給与ソフトに反映することもできるので、給与計算も簡単迅速に処理することができます。月額３００円（税別）×使用人数と低コストなので、導入のハードルも高くなく、勤怠管理のコストを大幅に削減することができます。

ボイスメール

相手にメッセージを送る手段として、最も感情が伝わりやすい音声メッセージという方法も社内の上司と部下のコミュニケーション手段として有効です。留守番電話などの機能もありますが、相手の電話を鳴らすことなく音声メッセージ残せるツールとしてよく使われているのが、ボイスメールです。サービスを提供する会社によって機能はさまざま。例えば、ドコモの「ビジュアルボイスメール」では、預かったメッセージを好きな順番で再生できます。ソフトバンクの場合は、サービスセンターで預かった音声メッセージをスマホに自動配信・自動保存。その他、「ソリッドボイス」など、独自のボイスメール一元管理システムを提供しているものもあります。

スピード決裁

株式会社武蔵野が配信しているiPadやiPhone用のアプリ「スピード決裁」は、さまざまな決裁を電子で簡単スピーディに処理するためのツールです。「通常決裁」の他「出張費精算」「交通費精算」「休暇申請」などとともに「残業申請」の項目もあり、残業時間と理由も含めて、迅速にチェックすることが可能。残業に事前申請は不要、という会社も未だに少なくありません。これでは、ダラダラとした無計画な残業を減らすことはできません。「スピード決裁」を導入することで、事前申請のルール化をスムーズに進めることができ、さらに、残業する理由と時間を明記させることで、計画的な残業を習慣づけることができるのです。

取材協力企業一覧

株式会社瀧神巧業

業種	総合建設業・鋼構造物製作据付業
会社所在地	秋田県仙北市角館町中菅沢77番地7
URL	http://www.takigami.jp/
設立	1950年2月
従業員数	43名
資本金	25,000,000円
売上高	1,543,271,000円

株式会社後藤組

業種	建設業
会社所在地	山形県米沢市丸の内2-2-27
URL	http://www.gto-con.co.jp/
設立	1926年
従業員数	150名
資本金	96,850,000円
売上高	6,300,000,000円

株式会社小田島組

業種	建設業
会社所在地	岩手県北上市和賀町竪川目1地割33-137
URL	http://www.odashima.co.jp/
設立	1985年12月
従業員数	100名
資本金	23,000,000円
売上高	2,800,000,000円

郡中丸木株式会社

業種	建設・不動産業
会社所在地	福島県本宮市高木字猫田27-1
URL	https://www.gmgr.jp/
設立	1965年3月
従業員数	50名
資本金	30,000,000円
売上高	1,123,272,358円

株式会社ダスキン諏訪

業種	サービス業
会社所在地	長野県諏訪市四賀1827
URL	http://www.duskin-suwa.jp/
設立	1971年4月
従業員数	53名
資本金	10,000,000円
売上高	520,000,000円

株式会社プリマベーラ

業種	小売業
会社所在地	群馬県太田市西本町57-4
URL	https://team-prima.jp/
設立	2000年7月
従業員数	304名
資本金	3,000,000円
売上高	3,200,000,000円

株式会社モリチュウ

業種	製造業
会社所在地	埼玉県川口市江戸袋2-5-27
URL	http://www.morichu.co.jp/
設立	1977年7月
従業員数	26名
資本金	30,000,000円
売上高	702,000,000円

ケーワンテック株式会社

業種	ビルメンテナンス
会社所在地	東京都中央区東日本橋1-2-14
URL	http://www.k-onetec.co.jp/
設立	1995年6月
従業員数	200名
資本金	15,000,000円
売上高	944,551,135円

ヤマヒロ株式会社

業種	小売･サービス業
会社所在地	東京都新宿区北新宿4-1-1
URL	http://www.yamahiro.info
設立	1952年1月
従業員数	364名
資本金	17,300,000円
売上高	20,900,000,000円

株式会社マキノ祭典

業種	葬儀業
会社所在地	東京都練馬区上石神井4-9-24
URL	https://makino-saiten.com/
設立	1978年12月
従業員数	36名
資本金	10,000,000円
売上高	750,000,000円

株式会社KOKADO

業種	エンターテインメント
会社所在地	神奈川県横浜市西区みなとみらい2-2-1横浜ランドマークタワー21F
URL	http://www.kokado.jp/
設立	2002年3月
従業員数	232名
資本金	20,000,000円
売上高	3,100,000,000円

名古屋眼鏡株式会社

業種	卸売業
会社所在地	愛知県名古屋市中区新栄1-35-19
URL	http://www.meigan.co.jp/
設立	1967年6月
従業員数	105名
資本金	27,000,000円
売上高	2,830,000,000円

株式会社関通

業種	配送センター代行
会社所在地	大阪府東大阪市長田1-8-13
URL	https://www.kantsu.com/
設立	1986年4月
従業員数	530名
資本金	20,000,000円
売上高	4,700,000,000円

藤井興発株式会社 高石自動車スクール

業種	教育業
会社所在地	大阪府高石市綾園7-5-47
URL	http://www.takaishi-driving.com/
設立	1960年11月
従業員数	66名
資本金	15,000,000円
売上高	800,000,000円

株式会社キンキゴム

業種	商社
会社所在地	京都府京都市中京区寺町二条下ル妙満寺前町450-3
URL	http://www.kinki-rubber.co.jp/
設立	1959年4月
従業員数	30名
資本金	30,000,000円
売上高	850,000,000円

株式会社ぱそこん倶楽部

業種	小売業
会社所在地	滋賀県大津市におの浜2-1-21
URL	http://www.pasocomclub.co.jp/
設立	1983年2月
従業員数	28名
資本金	10,000,000円
売上高	550,000,000円

ノアインドアステージ株式会社

業種	サービス業
会社所在地	兵庫県姫路市東山524
URL	https://www.noahis.com/corp/
設立	1980年5月
従業員数	796名
資本金	50,000,000円
売上高	4,700,000,000円

株式会社ダスキン山口

業種	サービス業
会社所在地	山口県宇部市居能町3-4-45
URL	http://www.duskin-yamaguchi.co.jp/
設立	1965年10月
従業員数	78名
資本金	10,000,000円
売上高	300,000,000円

株式会社川六

業種	宿泊業
会社所在地	香川県高松市百間町1番地の2
URL	http://www.kawaroku.co.jp/
設立	1877年6月
従業員数	105名
資本金	60,000,000円
売上高	1,400,000,000円

宣研ロジエ株式会社

業種	小売業
会社所在地	福岡県北九州市小倉北区若富士町7-26
URL	http://www.senkenrosier.com/
設立	1964年4月
従業員数	33名
資本金	20,000,000円
売上高	1,769,000,000円

コトブキ製紙株式会社

業種	製造業
会社所在地	佐賀県小城市牛津町勝1318
URL	http://kotobukiseishi.com/
設立	1962年11月
従業員数	115名
資本金	50,000,000円
売上高	4,070,000,000円

エピローグ

7つのステップの事例の中から明日から始める1つ目を選ぼう

昨年は新入社員が20人入社しました。入社後1年以内の離職者は1人もいません。

この大量離職時代にあって、なぜだと思いますか?

入社の時に、私がこう話したからです。

「1年経ったら、全員、上司を変えてあげるからね」と。

仕事をしながら不満が出てきても不安を覚えても、1年後には別の風景が待っていると思えばがんばれるものです。

そして1年後、いざ上司を変えようとしたら、

「変えないで」

と言って泣いたりしていますが（笑）。

つまり、チームのマネジメントをする人の存在は、それほどまでに大きい。チームを生かすも殺すもマネジメント次第です。

かつて、終身雇用制度が機能していた時代は、仕事が変わることを不安に思う人が多かった。でも、今の若い人たちは、同じ仕事をひたすらやり続けることに不安を覚える。このままでいいのだろうか、と憂鬱になってしまう。

10月1日。多くの会社で内定式を行う日です。

この日、内定をもらっている人たちは、内定式に出席し、この会社に4月に入社していいのだろうかと考えてブルーになる。一方で、まだ就職が決まっていない人たちは、このままどうなってしまうのだろう、と考えてブルーになる。10月1日は、就職内定組も就活続行組も、みんながブルーになる日です。

そういう現実を、世の中の多くの社長も幹部もわかっていない、と感じます。人の心がわからない幹部は、チームの巧みなマネジメントができません。

昨日と同じ今日、今日と同じ明日、同じことを日々続けていくことを不安に思う若い社員。かたや、仕事に慣れて、あらゆることが風景になる中堅社員。お互いが密なコミュニケーションでつながり、互いに異なる資質を生かし合って、風景と化した常識を疑い、よいと思ったものは即座に取り入れれば、最強のチームがつくれると思いませんか？

ここに、私の考える会社組織の醍醐味があります。そして、そのチームづくりを可能にするもしないも現場の管理職次第。皆さんの姿勢が問われています。

今回、この本を執筆するに当たって、21社のサポート企業の管理職に協力してもらい、具体的に取り組んでいることを挙げてもらいました。それぞれに、残業を減らし、業務効率を改善させるために、ささやかな工夫から大胆な設備投資や組織改革まで、実に多種多様な取り組みを展開していました。

月の平均残業時間を60時間から一気に20時間まで減らすことに成功した人や、50時間から7時間まで減らすことに成功した人もいました。

他社の改善事例を上手に真似ながら、自分たちの社風にうまく取り入れて進化させ、しっかりと結果を出している。あるいは、「まだ道半ばです」と前置きしたうえで、しかし、粘り強く、残業の事前申請の定着に取り組んでいる管理職もいました。

高額な最新機器の導入に踏み切った建設会社。

午後の仕事が偏らないよう、日々のランチミーティングで人員配置を調整する物流会社。隙間時間にやったことを日報に書くことで、働く人たちの意識改革に成功したクリーンサービスの会社。

iPadの導入で、お客さまとの打ち合わせを一気に効率化した老舗の葬儀社。

残業削減目標のお客さまへの見える化で、お客さまからの配慮を得ることに成功したビルメンテナンス会社。

チームをマネジメントしている管理職の観察力や決断力、そして実行力。部下たちの声に耳を傾ける姿勢や、お客さまへの眼差し。それらがきちんと数字として結果に表れている。それぞれに見事な取り組みだと感心しました。

そして、この実践例を、ぜひ１人でも多くの、現場のマネジメントに悩むリーダーの方たちと共有したいと思いました。

本書で取り上げた７つのステップ、必ずしも１つ目のステップから取り組まなければいけないわけではありません。

「意識を変える」「ブラックボックスをつくらない」「ムダを捨てる」「縦割り・個人プレーを壊す」「仕事の偏りをならす」「部下と組織を伸ばす」「工夫を重ねる」

どれもこれも、残業を減らし業務効率をアップさせる大切な視点の取り組みばかりです。自分たちのチームにフィットしそうなもの、明日から部下たちにも伝授できそうなものから、まずは実際に始めてみてください。

最後に、本書の執筆をお手伝いしてくださった游学社の大友麻子さん、そして、ユニークな企画を考えて粘り強く調整し、実現してくださった宝島社の中田絢子さんに、心からの感謝を申し上げます。

そして、お読みくださった皆さん。

最後までおつき合いくださり、ありがとうございました。

ぜひ、この出会いを最大限に活用し、1つでも多くの事例を実践し、そして結果を出していかれることを願っています。

株式会社武蔵野　代表取締役社長　小山 昇

エマジェネティックス分析

最後に、本文中に何度も登場したエマジェネティックス（EG）のデータをご紹介しましょう。サンプルは私自身。黄色と青、つまり「独創性」と「論理性」が高いことを示しています。また、下の棒グラフは、思考や行動スタイルを一般人口と比較したもの。右寄りであれば一般の平均よりも高め、左寄りであれば低めと言えます。

青＝分析型
・明確な思考
・論理的に問題を解決
・データを重視する
・理性的
・分析することで学ぶ

緑＝構造型
・実用性を重視
・説明書はしっかり読む
・新しい考え方には慎重
・予想できることを好む
・自分の経験に基づいて判断

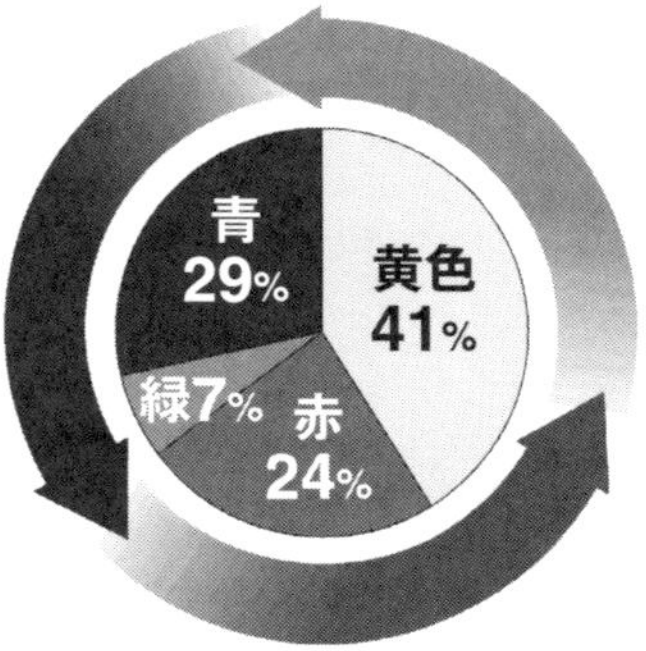

黄色＝コンセプト型
・独創的
・アイディアが直感に浮かぶ
・視野が広い
・変わったことが好き
・色々試してみる

赤＝社交型
・相手との関係を重視する
・社会性を重視する
・同情しやすい
・人に共感する
・人から学ぶことが多い

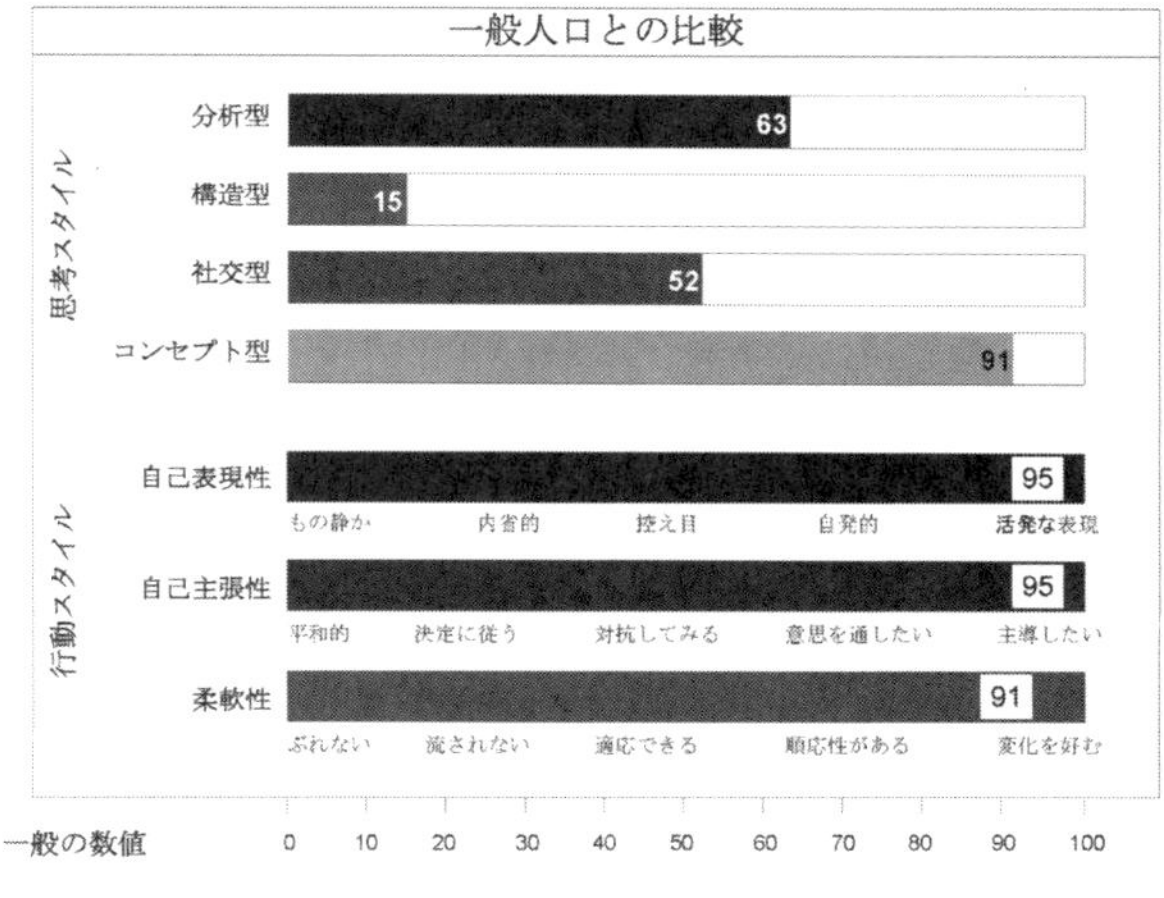

小山 昇 こやま・のぼる

株式会社武蔵野 代表取締役社長

1948年、山梨県生まれ。東京経済大学を卒業し、日本サービスマーチャンダイザー株式会社（現在の株式会社武蔵野）に入社。1989年に社長に就任した当時は残業が当たり前の「超ブラック企業」だった同社を、近年、増収増益を続けながら残業時間を減らす「超優良ホワイト企業」に転換することに成功した。2016年度の決算では、売上が前年より6億円アップ。前年比111％の成長を遂げる一方で、1カ月の残業時間の平均を35時間に留めた。

2001年より同社の経営の仕組みを紹介する「経営サポート事業」を展開。現在、650社を超える会員企業を指導している他、「実践経営塾」「実践幹部塾」「実践社員塾」「経営計画書作成セミナー」など、全国各地で年間240回以上の講演・セミナーを開催。多くのサポート企業が業績を伸ばすと同時に、残業対策にも成功している。

1999年度「電子メッセージング協議会会長賞」、2001年度「経済産業大臣賞」、2004年度「IT経営百選最優秀賞」を受賞。2000年度と2010年度、日本で初めて「日本経営品質賞」を2度受賞する。2004年からスタートした、研修費が3日で108万円の「かばん持ち」が年々話題となり、現在、70人、1年待ちの人気プログラムとなっている。

『残業ゼロがすべてを解決する』『1日36万円のかばん持ち』（以上ダイヤモンド社）、『【増補改訂版】仕事ができる人の心得』（CCCメディアハウス）など、ベスト&ロングセラー多数。

株式会社武蔵野（セミナー・講演会情報はこちら）
http://www.musashino.co.jp/

小山昇の経営サポート（現地見学会情報はこちら）
http://www.m-keiei.jp/

装丁　bookwall
本文イラスト　斉藤 穂
本文デザイン　ナカノケン（アルフェイズ）
編集　大友麻子（游学社）

実践図解
成果を上げながら「残業ゼロ」で帰れるチームのつくり方

2017年7月24日　第1刷発行

著　者　小山 昇
発行人　蓮見清一
発行所　株式会社宝島社
〒102-8388
東京都千代田区一番町25番地
電話：03-3239-0926（編集）
03-3234-4621（営業）
http://tkj.jp

印刷　文唱堂印刷株式会社
製本　株式会社本村

ISBN 978-4-8002-7236-2